新能源汽车整车控制系统检测维修

主　编　徐景慧　胥泽民　彭　鹏

北京理工大学出版社
BEIJING INSTITUTE OF TECHNOLOGY PRESS

内容简介

本书采用基于工作过程的方法开发，内容以典型工作任务为载体进行组织，主要包括整车控制系统认识、整车控制系统功能测试和整车控制系统检测与维修三个学习情境。每个情境下还包含若干学习单元，每个学习单元以实际工作任务进行导入，理论知识包含共性知识和个性知识，实践技能部分以比亚迪 E5 450 为例。

本书适合开设新能源汽车类专业的职业院校使用，也可以供新能源汽车技术培训机构使用，同时还可作为从事新能源汽车维修等工作的相关行业人员的参考书。

版权专有　侵权必究

图书在版编目(CIP)数据

新能源汽车整车控制系统检测维修 / 徐景慧, 胥泽民, 彭鹏主编. —北京：北京理工大学出版社, 2020.9

ISBN 978 - 7 - 5682 - 9076 - 0

Ⅰ. ①新…　Ⅱ. ①徐…　②胥…　③彭…　Ⅲ. ①新能源-汽车-控制系统-车辆检修　Ⅳ. ①U469.707

中国版本图书馆 CIP 数据核字(2020)第 179978 号

出版发行 /	北京理工大学出版社有限责任公司
社　　址 /	北京市海淀区中关村南大街 5 号
邮　　编 /	100081
电　　话 /	(010)68914775(总编室)
	(010)82562903(教材售后服务热线)
	(010)68948351(其他图书服务热线)
网　　址 /	http://www.bitpress.com.cn
经　　销 /	全国各地新华书店
印　　刷 /	定州市新华印刷有限公司
开　　本 /	787 毫米×1092 毫米　1/16
印　　张 /	11
字　　数 /	258 千字
版　　次 /	2020 年 9 月第 1 版　2020 年 9 月第 1 次印刷
定　　价 /	38.00 元

责任编辑 /	陆世立
文案编辑 /	陆世立
责任校对 /	周瑞红
责任印制 /	边心超

图书出现印装质量问题，请拨打售后服务热线，本社负责调换

编写委员会

主　编

徐景慧　胥泽民　彭　鹏

副主编

彭宇福　徐　刚　石明伟

编　委

李　伟　罗发光　汪　静　江　维　廖　凯

张艳梅　王文绪　谢小琼　钟国伦

杨　阳（遂宁品信汽车技师）

陈尚权（遂宁品信汽车技师）

前言

"新能源汽车整车控制系统检测维修"是新能源汽车维修类专业针对新能源汽车机电维修工进行能力培养的一门专业核心课程，主要培养学生利用现代诊断和检测设备进行新能源汽车整车控制系统功能测试、故障诊断、故障分析、零部件检测及维修更换等的专业能力，同时注重培养学生的社会能力和方法能力。

本书采用"以行动为导向、基于工作过程"的课程开发方法进行开发，以新能源汽车机电维修工诊断和维修新能源汽车整车控制系统的典型工作任务为载体，梳理和序化理论知识，根据学生的认知规律设计了相应学习情境和任务。

本书的主要特点如下：以典型工作任务为载体，每个学习情境都有明确的学习目标；典型工作任务来源于新能源汽车机电维修工实际工作岗位，并进行了适当的教学化加工；理论知识按照典型工作任务的需求进行重新序化，理论和实践以典型工作任务为主线进行了有机融合；车型以比亚迪 E5 450 为主，其他主流新能源汽车为辅，本书全部内容均在实车上进行了验证；将整车控制系统检测维修分为三个学习情境——整车控制系统认识、整车控制系统功能测试和整车控制系统检测与维修，整个过程由易到难，符合学生的认知规律。

本书适合开设新能源汽车类相关专业的职业院校使用，建议采用理实一体化的教学方式开展教学，也适用于新能源汽车技术培训机构使用。

本书在编写过程中参考了大量国内外相关著作和文献资料，在此一并向有关作者表示感谢。

由于编者水平有限，书中难免有错漏之处，敬请读者批评指正。

编 者

2020 年 6 月

目录

学习情境1 整车控制系统认识 ………………………………… 1

任务1 网关控制器检测拆装 ……………………………………… 2
    1.1.1 控制系统概述 ………………………………………… 2
    1.1.2 整车控制系统的组成 ………………………………… 3
    1.1.3 比亚迪E5的整车控制系统 …………………………… 4
    1.1.4 比亚迪E5网关控制器的更换 ………………………… 8
    1.1.5 比亚迪E5网关控制器的检测 ………………………… 9

任务2 整车控制数据流读取 ……………………………………… 10
    1.2.1 整车控制系统的功能 ………………………………… 10
    1.2.2 整车控制系统的控制策略 …………………………… 14
    1.2.3 数据流/主动测试 ……………………………………… 16

任务3 高压电控总成拆装 ………………………………………… 21
    1.3.1 比亚迪E5高压电控总成的外部特征 ………………… 21
    1.3.2 比亚迪E5高压电控总成的内部结构 ………………… 24
    1.3.3 高压电控总成更换 …………………………………… 27
    1.3.4 高压电控总成内部结构认知 ………………………… 29

学习情境2 整车控制系统功能测试 …………………………… 31

任务1 车辆静止状态测试 ………………………………………… 32
    2.1.1 仪表盘指示功能 ……………………………………… 32
    2.1.2 多功能信息显示屏 …………………………………… 37
    2.1.3 信息娱乐系统 ………………………………………… 38
    2.1.4 其他辅助用电设备功能测试 ………………………… 40
    2.1.5 电动汽车特有故障灯信息认知 ……………………… 40
    2.1.6 蓝牙设置与连接 ……………………………………… 41

任务2 整车驱动控制功能测试 …………………………………… 43
    2.2.1 电动汽车驱动装置 …………………………………… 43
    2.2.2 常见纯电动汽车的驱动系统及驱动模式 …………… 46
    2.2.3 驾驶模式选择 ………………………………………… 48
    2.2.4 比亚迪E5的驱动保护措施 …………………………… 48
    2.2.5 车辆驱动功能测试的方法 …………………………… 50
    2.2.6 防溜车测试 …………………………………………… 50
    2.2.7 低速提示音认知与设置 ……………………………… 51

2

任务3　整车能量管理与能量回收 ·········· 52
　2.3.1　电动汽车能量管理系统 ·········· 52
　2.3.2　能量回收系统 ·········· 54
　2.3.3　比亚迪E5制动能量回收控制 ·········· 56
　2.3.4　放电测试 ·········· 57
　2.3.5　制动能量回收测试 ·········· 59

任务4　保护功能测试 ·········· 61
　2.4.1　高压互锁 ·········· 61
　2.4.2　高电压自放电电路 ·········· 64
　2.4.3　漏电保护及电位均衡 ·········· 64
　2.4.4　绝缘电阻检测 ·········· 65
　2.4.5　短路熔断保护电路 ·········· 66
　2.4.6　电磁防护 ·········· 67
　2.4.7　比亚迪E5的高压保护 ·········· 68
　2.4.8　高压互锁回路认知及测试 ·········· 72
　2.4.9　充电口绝缘电阻测量 ·········· 73

任务5　云服务与远程监控系统测试 ·········· 75
　2.5.1　车联网系统 ·········· 75
　2.5.2　比亚迪云服务及DiLink智能网联系统 ·········· 77
　2.5.3　车载终端 ·········· 81
　2.5.4　车载终端不能正常工作的故障诊断 ·········· 82

学习情境3　整车控制系统检测与维修 ·········· 85

任务1　通信系统故障诊断与检修 ·········· 86
　3.1.1　CAN总线技术 ·········· 87
　3.1.2　车载网络功能 ·········· 92
　3.1.3　比亚迪E5整车网络拓扑结构 ·········· 93
　3.1.4　CAN总线典型故障判断 ·········· 97
　3.1.5　LIN总线技术 ·········· 99
　3.1.6　测量CAN终端电阻及总线电压 ·········· 100

任务2　输入电路故障诊断与检修 ·········· 103
　3.2.1　整车控制系统输入信号及电路 ·········· 103
　3.2.2　整车控制系统主要输入信号及电路 ·········· 106
　3.2.3　整车控制输入信号异常的诊断方法 ·········· 112
　3.2.4　充电功率小故障诊断与修复 ·········· 113
　3.2.5　无法换挡故障诊断与修复 ·········· 115

任务3　输出信号故障诊断与检修 ·········· 117
　3.3.1　整车控制系统输出信号及电路 ·········· 117
　3.3.2　整车控制系统主要输入信号及电路 ·········· 118
　3.3.3　案例分析 ·········· 122

参考文献 ·········· 128

学习情境 1
整车控制系统认识

【学习目标】

(1) 能通过与客户交流和查阅相关维修技术资料获取车辆信息；

(2) 能向客户介绍整车控制系统的作用和主要部件的安装位置；

(3) 能正确使用解码仪进行整车控制器数据流读取；

(4) 能向客户介绍整车 CAN 网络结构；

(5) 能够正确进行主动测试；

(6) 能够正确更换高压电控总成；

(7) 能够正确更换驱动系统冷却液。

网关控制器检测拆装

工作任务

一辆比亚迪 E5 纯电动汽车的仪表上显示多个系统故障,用解码仪连接后多个系统都不能进入。经过诊断发现是网关控制器损坏,请问你知道网关的位置及拆装先后顺序吗?

任务分析

学生要完成任务,需要掌握 BMS(电池管理系统)、电池热管理控制器、网关控制器等的位置;能够正确连接解码仪;能够正确拆卸网关控制器;能够检查车辆是否上电。

相关知识

1.1.1 控制系统概述

控制系统一般包括传感器、控制器和执行元件。传感器采集信息并转换成电信号发送给控制器,控制器根据传感器的信息进行运算、处理和决策,并向执行元件发送控制指令以完成某项控制功能,如图 1-1-1 所示。

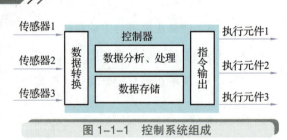

图 1-1-1 控制系统组成

当系统中有少数几个控制系统且两个控制系统需要相互通信时,可以通过 CAN(控制器局域网络)总线将若干个控制系统连接起来;这些控制系统是平等的,没有主次之分。

当系统中有多个控制系统且系统之间有通信需求,但是各个系统之间信息传输速度不同时,多个系统可以连接在网关上,通过 CAN 总线实现不同通信速率系统之间的通信,如图 1-1-2 所示。

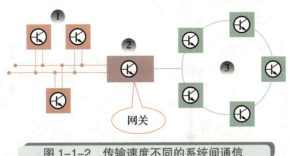

图 1-1-2 传输速度不同的系统间通信

1.1.2 整车控制系统的组成

新能源汽车整车控制系统是基于 CAN 总线的多个控制系统的集成系统，以整车控制器为管理核心，实现电池管理控制、电机控制、空调控制、电动助力转向控制、制动控制等功能。

1. 分层控制

通常整车控制器（VCU）是车辆控制系统的网关，所有信号都需要经过它进行处理，VCU 除了执行整车控制器功能外，还要起到网关的功能。

新能源汽车中通常将整车控制器作为第一层，其他各控制器为第二层，各控制器之间通过 CAN 进行信息交互，共同实现整车的功能控制。

如图 1-1-3 所示，汽车各部件都有独立的控制器，整车控制器对整个系统集中进行能量管理及各部件的协调控制，因此，整车控制器作为新能源汽车的"大脑"，在整车控制系统中起到至关重要的作用。为满足系统数据交换量大、实时性及可靠性要求高的特点，各控制系统之间通常采用 CAN 总线进行通信。

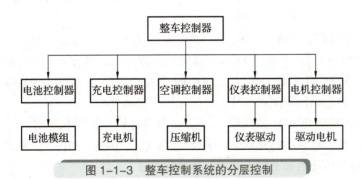

图 1-1-3 整车控制系统的分层控制

2. 分模块控制

也有整车控制系统采用多层分级、合作自治的结构形式进行分模块控制。如图 1-1-4 所示，电动汽车控制系统分为能量系统、新能源汽车驱动系统、能量回馈系统和辅助子系统，整车控制器的功能由多个控制单元协同完成。

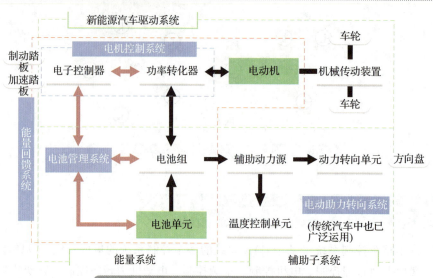

图 1-1-4 基于 CAN 总线的分模块控制系统

这种控制模式减轻了单个控制单元的工作量，每个控制单元的工作内容相对单一，因此对控制单元的要求降低，但是控制单元之间数据交换量更大、更频繁。

1.1.3 比亚迪E5的整车控制系统

1. 系统组成

比亚迪 E5 整车控制系统网络连接如图 1-1-5 所示，它没有整车控制器，整车控制功能由若干个 ECU（电子控制单元）协同完成，主要包括网关、VTOG（双向交流递变式）、低压 BMS（电池管系统）、主控制器、车载终端等。

比亚迪 E5 的整车控制系统通过若干条 CAN 线路进行通信，主要包括：

（1）起动 CAN：传输速率为 125Kb/s，其终端电阻分别在网关和无钥匙起动模块中；用于 E5 汽车的起动控制与信息采集，由 ECL、BCM（车身控制模块）和 I-KEY 组成，当车主携带钥匙进入驾驶室时由起动网检测到信号，可以无钥匙起动整车。

（2）舒适 CAN：传输速率为 125Kb/s，其终端电阻分别在网关和电机控制器模块中；用于整车上的多媒体系统，由多功能显示屏、组合开关、CD、RCM、SRS、诊断口、空调子网（包括空调控制器、空调压缩机和 PTC）和车载终端等组成。

（3）动力 CAN：传输速率为 250Kb/s，其终端电阻分别在网关和电池管理模块中；用于动力控制系统，主要包括挡位控制器、组合仪表、低压 BMS、高压电控总成（内部有 VTOG、车载充电机、DC/DC、主动泄放模块、漏电传感器）、主控制器、P 挡电机控制器、动力电池（电池管理器、电池信息采集器）。

（4）底盘 CAN：传输速率为 500Kb/s，其终端电阻分别在网关和 ABS 模块中；主要用于行驶安全系统，由 4 个模块组成，即 EPB、REPS、ABS/ESP 和诊断口。

任务 1　网关控制器检测拆装

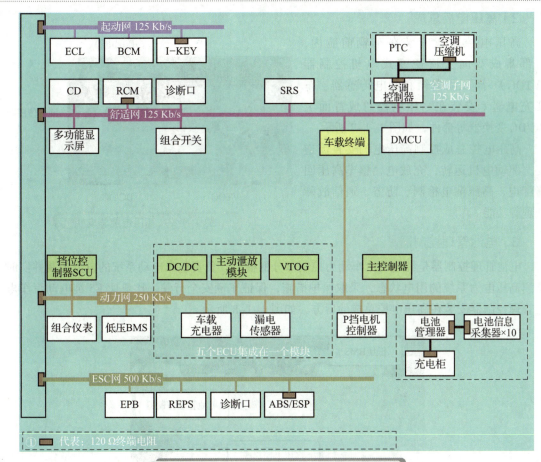

图 1-1-5　比亚迪 E5 CAN 系统

2. 主要零部件

1）网关

比亚迪 E5 网关的位置如图 1-1-6 所示，位于副驾驶室储物箱的后方。

车载总线中存在几个网络，这些网络之间需要进行通信，网关正是维系这些网络联系的一个中间体。

网关控制器主要有以下 3 个功能。

（1）报文路由：网关具有转发报文的功能，并可对总线报文状态进行诊断。

（2）信号路由：实现信号在不同报文间的映射。

（3）网络管理：进行网络状态监测与统计、错误处理、休眠唤醒等。

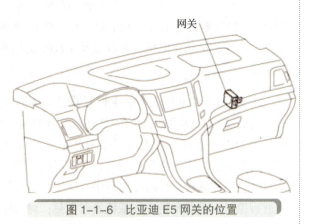

图 1-1-6　比亚迪 E5 网关的位置

2）高压电控总成

高压电控总成安装在车辆前舱内，内部集成双向交流逆变式电机控制器（VTOG）、高压配电箱和漏电传感器、车载充电器（安装在高压电控总成背面）、DC/DC 变换器等部件，如图 1-1-7 所示。

高压电控总成控制高压电的交直流逆变、驱动电机运转、充放电、整车高压回路配电、高压漏电检测、防盗、通信故障处理等功能。

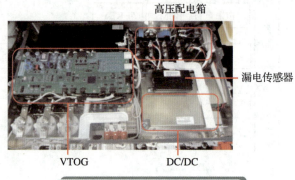

图 1-1-7 高压电控总成

3）电池管理控制器

电池管理控制器是纯电动汽车动力控制部分的核心，负责整车电动系统的电力控制并实时监测高压电力系统的用电状态，采取保护措施，保证车辆安全行驶。比亚迪 E5 纯电动汽车电池管理控制器安装在高压电控总成的后方，如图 1-1-8 所示。

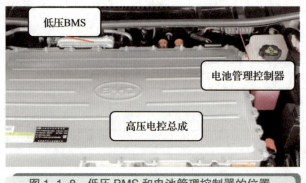

图 1-1-8 低压 BMS 和电池管理控制器的位置

电池管理控制器的主要功能是：接收电池信息采集器、直流漏电传感器、车载充电机、VTOG 等控制器传递的数据和信息，接收碰撞传感器、互锁信息等传感器信号，控制接触器的吸合与断开、车载充电机的充放电及 VTOG 的功率等。

4）主控制器

比亚迪 E5 纯电动汽车的主控制器是车辆的管理控制单元，安装在副仪表台上。它的主要功能是通过对 CAN 总线上的信息进行综合判断，实现对各个 ECU 的监控、管理和协调；通过对其他 ECU 发过来的信息以及自身采集到的信号进行判断和处理，确保纯电动汽车上各主要用电设备正常工作。当它检测到异常情况时，会发出一些如限流、关闭空调等控制要求，同时将故障代码存储在自身的存储器中。在紧急情况下，它保障车辆的安全。它还能对冷却风扇电机进行控制，确保车辆水冷系统及时散热；对真空助力系统的真空泵进行控制，将真空气罐的真空度控制在合适的范围以内，确保提供充分的制动助力，并在其失效时采取有效措施以保证安全；对车速、行驶里程进行测试和计算，并将计算结果通过 CAN 总线发送给显示仪表进行显示输出。

主控 ECU 主要实现的功能（车型不同，功能可能不一样）如下。

（1）真空泵控制：通过对真空压力传感器和制动传感器的监测，实现对真空泵的控制，以确保提供足够的制动助力。

（2）冷却风扇控制：通过对冷却水水温进行监测，并且参考户外温度来控制冷却风扇与冷凝风扇，以确保电机、空调等系统能在正常温度下工作。

（3）车速信号处理：通过对车速传感器信号的采集，实现车速、里程的计算和为其他系统提供较好的车速信号。

（4）碰撞信号的采集与发送。

5）车载终端

比亚迪 E5 车载终端位于后备箱中。

车载终端的主要作用是数据通信，采集整车 CAN 信息并通过 3G 模块上传服务器，为车主提供车辆轨迹、车辆状态服务等。包含三个部分内容：

（1）DCM：是 Data Communication Module（数据通信模块）的简称。

（2）GPS：是 Global Positioning System（全球定位系统）的简称。

（3）3G：第三代移动通信技术（3rd-Generation，3G），是指支持高速数据传输的蜂窝移动通信技术。3G 服务能够同时传送声音及数据信息，速率一般在几百 Kb/s 以上。

3. 双路电供电

电动汽车中 DC/DC 替代了传统燃油车挂接在发动机上的 12 V 发电机，与蓄电池并联给各用电器提供低压电源。DC/DC 在直流高压输入端接触器吸合后便开始工作，输出电压标称为 13.8 V。

比亚迪 E5 车型的 DC/DC 在上电时、充电时（包括交流充电、直流充电）、智能充电时都会工作，以辅助低压铁电池为整车提供低压电源，如图 1-1-9 所示。

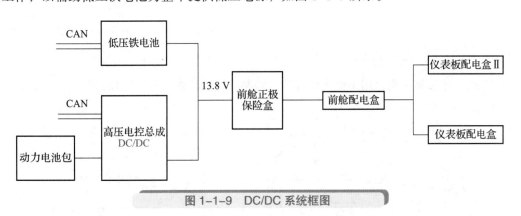

图 1-1-9　DC/DC 系统框图

DC/DC 集成在高压电控总成里，输出正极通过正极保险盒直接与低压铁电池正极相连，如图 1-1-10 所示，而 DC/DC 的输出负极则是通过高压电控总成壳体搭铁。

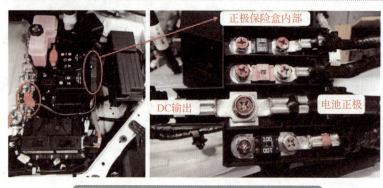

图 1-1-10　DC/DC 低压输出接口

技能训练

1.1.4　比亚迪 E5 网关控制器的更换

1. 拆卸储物盒

将杂物箱打开，然后在杂物箱右侧找到杂物箱气动弹簧，将杂物箱上安装气动拉簧的卡扣挤压变形后可取出气动弹簧，按图 1-1-11 所示脱开气动弹簧与杂物箱总成的连接。

通过双手挤压变形将杂物箱两侧的限位柱取出，使限位柱脱开限位孔；将杂物箱总成转轴处与仪表板下本体配合紧固处脱开，即可取出杂物箱总成。

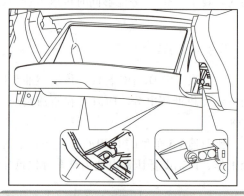

图 1-1-11　脱开气动弹簧与杂物箱两侧的限位柱

2. 拆卸网关控制器

拔下线束连接器插头，用 10# 套筒拆卸 1 颗网关控制器固定支架螺栓，取下固定支架，取下网关控制器，如图 1-1-12 所示。

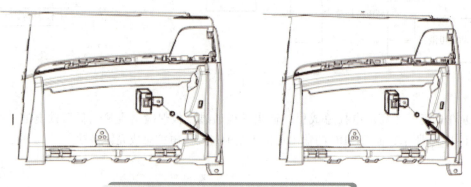

图 1-1-12　网关控制器的拆装

3. 安装网关控制器

放置网关控制器，用 10# 套筒安装固定支架固定螺栓，连接线束连接器插头。

4. 安装杂物盒

安装杂物盒的顺序与拆卸杂物盒相反。

1.1.5 比亚迪 E5 网关控制器的检测

网关控制器插接件 G19 的 16 号端子为常电，12 号端子为 IG1 电，24 号端子为双路电，11 号端子为搭铁。

断开插接件可以检查网关供电及搭铁线电阻，操作步骤为：

（1）断开低压蓄电池负极；

（2）断开网关控制器 G19 连接器；

（3）连接低压蓄电池负极；

（4）测量线束端供电电压和搭铁线电阻。供电电压的测量位置、测量条件和标准值见表 1-1-1，搭铁线电阻的测量位置、测量条件和标准值见表 1-1-2。

表 1-1-1 供电电压的标准值及测量条件

端子号（符号）	配线颜色	端子描述	条件	规定状态
G19-16- 车身搭铁	R（红）	常电	始终	11~14 V
G19-12- 车身搭铁	R/L（红/紫）	IG1 供电	OK 挡电	11~14 V
G19-24- 车身搭铁	R/W（红/白）	双路电	OK 挡电或插枪充电	11~14 V

表 1-1-2 搭铁线电阻的标准值及测量条件

端子号（符号）	配线颜色	端子描述	条件	规定状态
G19-11- 车身搭铁	B（黑）	信号地	始终	小于 1Ω

知识小结

1. 整车控制系统通常由多个控制单元、传感器、控制器及 CAN 组成。

2. 比亚迪 E5 整车控制系统设有整车控制器，整车控制功能由若干个 ECU 协同完成，主要包括网关、VTOG、低压 BMS、主控制器、车载终端等。

3. 比亚迪 E5 高压电控总成安装在车辆前舱内，内部集成 VTOG、高压配电和漏电传感器、车载充电器（安装在高压电控总成背面）、DC/DC 变换器等。

4. 网关控制器主要有以下 3 个功能：报文路由、信号路由和网络管理。

5. 比亚迪 E5 的 BMS 的主要功能是：接收电池信息采集器、直流漏电传感器、车载充电机、VTOG 等控制器传递的数据和信息，接收碰撞传感器、互锁信息等传感器的信号，控制接触器的吸合与断开、车载充电机的充放电及 VTOG 的功率。

整车控制数据流读取

工作任务

一辆比亚迪 E5 纯电动汽车动力电池故障,要用诊断仪连接读取相关数据流、主动测试等进行故障诊断。请问你知道如何读取动力电池数据流吗?

任务分析

学生要完成上述工作任务,需要掌握整车控制系统的功能,能够迅速连接诊断仪 VCI 设备,正确匹配车辆,读取电池管理系统数据流,进行主动测试并能够做好车间安全防护。

相关知识

1.2.1 整车控制系统的功能

由于没有整车控制器,比亚迪 E5 整车控制系统各控制单元之间进行分模块控制。整车控制系统能够实现的功能如表 1-2-1 所示。

表 1-2-1 整车控制系统能够实现的功能

序号	功能
1	驾驶员意图解释
2	驱动控制
3	换挡控制
4	充电过程控制
5	制动能量回馈控制
6	整车能量优化管理

续表

序号	功能
7	高低压上下电控制：上下电顺序控制、慢充时序、快冲时序
8	电动化辅助系统管理
9	车辆状态的实时监测和显示
10	故障诊断与处理
11	远程控制
12	整车 CAN 总线网关及网络化管理
13	防溜车功能控制
14	DC/DC 控制、EPS 控制
15	在线匹配标定
16	远程监控

1. 驾驶员意图解析

整车控制器根据加速踏板信号、制动踏板信号、挡位信号及转向信号，解析驾驶员的驾驶意图（如加速、减速、制动、转向等），即根据控制策略中相关的计算规则，将驾驶员发出的加速踏板信号和制动踏板信号转化为电机的转矩命令并通过 CAN 总线传送给电机控制器。驱动电机对驾驶员操作的响应完全取决于整车控制器对信号解析的结果，并直接影响驾驶员的控制效果和操作感觉。

2. 驱动控制

整车控制器根据驾驶员对车辆的操纵输入（踏板信号和选挡开关）、车辆运行状态、行驶路况及环境等信息进行分析和处理，向相关部件控制器发出指令，控制电机的驱动转矩来驱动车辆，以满足驾驶员对车辆的动力性要求。此外，整车控制器还将根据车辆状态，进行相应的安全性、舒适性控制。

3. 换挡控制

整车控制器将对驾驶员换挡意图进行解析，识别车辆合理的挡位，并在基于模型开发的挡位管理模块中优化换挡操作，在保证车辆正常行驶及驾驶员舒适性的同时，实现驾驶员换挡意图。此外，还需要在换挡故障时进行相应的操作以保证整车安全，并通过显示仪表提醒驾驶员。

4. 充电过程控制

整车控制器接收到充电信号后（如快充或慢充连接确认信号），配合电池管理系统共同进行充电过程中的充电功率控制，禁止高压系统上电，保证车辆在充电状态下处于行驶锁止状态，并根据电池状态信息限值充电功率，以保护电池。

5. 制动能量回馈控制

当车辆减速制动时，整车控制器根据当前车辆行驶状态信息和动力电池的状态信息来进行判断是否进行制动能量回馈控制。整车控制器应在满足车辆安全性能、制动性能及驾驶员舒适性的前提下，在满足相应条件后，进行制动能量回馈，回收部分制动能量，进一步提高整车能量利用效率。驾驶员可通过方向盘上的按钮对制动能量回馈程度进行控制。

6. 整车能量优化管理

整车控制器通过对电机驱动系统、电池管理系统、传动系统及其他车载能源动力系统等的协调和管理，实现整车能量利用效率的提高和续驶里程的延长。

7. 高压上/下电控制

电动汽车上/下电控制的目的在于：在已有整车动力系统结构的前提下，采集钥匙、踏板、连接充电枪等驾驶员动作信号，通过CAN总线与动力电池管理系统、电机控制系统等进行通信，来控制整车高压的上电、下电安全。在上/下电过程中力求准确可靠，并对整车动力系统的高压故障迅速做出反应。

8. 电动化辅助系统管理

电动化辅助系统包括电动空调、电制动、电动助力转向等。整车控制器将根据动力电池及低压蓄电池状态，对DC/DC和电动化辅助系统进行监控。

9. 车辆状态的实时监测和显示

整车控制器将对车辆的运行状态进行实时监测，并通过原车CAN总线将各子系统的状态信息传送给车载信息显示系统，包括显示仪表和中控系统。显示仪表和中控系统均能够显示车辆运行状态信息和相关的故障诊断信息。显示仪表如图1-2-1所示。

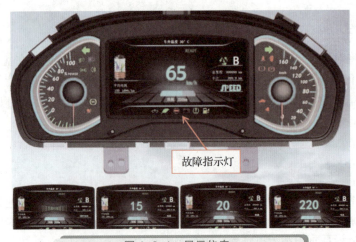

图1-2-1 显示仪表

10. 故障诊断与处理

整车控制器根据各传感器信号及其他通过 CAN 总线得到的电机、电池、充电机等信息，对车辆产生的各种故障进行判断、等级分类、报警显示等处理，同时存储故障码，供维修时查看。

11. 远程控制

大多数电动汽车都具有便捷的远程查询和远程控制功能，主要包括远程查询功能、远程空调控制及远程充电控制。用户可以通过手机 APP 进行远程控制。

（1）远程查询功能：用户可以通过手机 APP 实时查询车辆状态，包括电池 SOC 值、续驶历程、空调状态、电池温度等，如图 1-2-2 所示。

（2）远程空调控制：在夏季或冬季，用户可以在使用车辆前通过手机 APP 实现车辆空调系统远程控制，进行空调制冷、空调暖风和除霜等操作，保证驾驶人在进入车辆时车内环境良好。

图 1-2-2 远程查询功能

（3）远程充电控制：纯电动汽车用户通常是在家充电，因此充电时间集中在下班后，此时若立即充电，由于电动汽车充电时间都比较长，用户不能像传统车加油一样等待电池充满，充满后无法第一时间断开充电枪也会造成安全隐患和心理压力；与此同时也无法利用夜间波谷电价，将造成金钱上的损失。因此，电动汽车远程控制系统一般都配置远程充电控制功能，方便客户充电。

12. 整车 CAN 总线网关及网络化管理

在整车的网络管理中，整车控制器是信息管理的中心，负责信息的组织和传输、网络节点管理、信息优先权的动态分配以及网络故障的诊断与处理等功能，并通过 CAN（EVBUS，电动汽车总线）线协调电池管理系统、电机控制器、空调系统等模块相互通信，如图 1-2-3 所示。

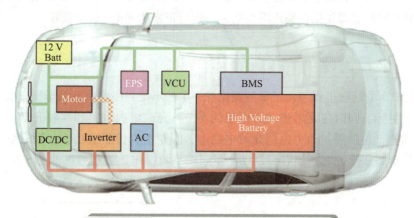

图 1-2-3 CAN 总线通信

12VBatt—12V 蓄电池；Motor—驱动电机；DC/DC—直流/直流转换器；Inverter—逆变器；EPS—电动助力转向系统；AC—空调；VCU—整车控制器；BMS—电池管理系统；High Voltage Battery—高压蓄电池

13) 防溜车功能

纯电动汽车在坡道上起步时，驾驶员从松开制动踏板到踩下加速踏板的过程中，会出现整车向后溜车的现象；在坡道行驶过程中，如果驾驶员踩下加速踏板的深度不够，则车辆会出现车速逐渐下降到 0 后再溜车的现象。

为了防止车辆在坡道上溜车的现象，整车控制器中增加了防溜车功能。这一功能可以保证车辆在坡道上起步时，向后溜车距离小于 10 cm；在坡道上运行过程中，如果动力不足导致车速下降到 0，则车辆将保持静止，不再向后溜车。

1.2.2 整车控制系统的控制策略

比亚迪 E5 整车工作模式主要有三种：充电模式、行驶模式和放电模式。其中，充电模式、放电模式优先于行驶模式。比亚迪 E5 具有车辆对外放电功能（装有时），即 VTOG 控制器能够实现向充电桩或壁挂式充电盒提供交流电的功能，通过放电模式设置，即可实现对车外不同种类的负载供电。

1) 工作模式

充电模式：充电唤醒信号、（快慢充）充电门板信号或连接确认信号。
行驶模式：点火钥匙 ON 挡、无充电唤醒信号、无充电门板信号或连接确认信号。
放电模式：放电按钮、放电枪连接信号。

2) 模式切换

充电模式不能切换到行驶模式。在充电过程中，直接将钥匙打到 ON 挡，车辆不能上高压；需拔下充电枪后，驾驶员将钥匙打到 ON 挡，方可上高压。

放电模式也不能切换到行驶模式。在放电过程中，直接将钥匙打到 ON 挡，车辆不能上高压；需拔下放电枪后，驾驶员将钥匙打到 ON 挡，方可上高压。

行驶模式可以切换到充电/放电模式。整车在行驶模式时（停止状态），如果检测有充电/放电需求，整车控制器需先执行高压下电后，再进行正常的充电/放电流程。

1. 整车能量管理

目前电动汽车的续驶里程与传统车型相比有一定的不足，因此电动汽车整车能量管理通常以续驶里程为目标，同时还要考虑动力电池的寿命（充放电次数）和驾驶安全。因此，通常有功率限制功能，包括限制动力电池充放电功率、限制电机控制器功率、限制空调功率、跛行状态允许等措施，除此之外还有与制动能量回馈系统协作、对动力电池的 SOC 进行管理等功能。

2. 整车驱动控制

整车驱动控制即扭矩控制，其核心内容包括工况判断、需求扭矩计算、扭矩输出等。工况判断主要是根据当前整车状态信息（如加速/制动踏板位置、当前车速及整车故障信息等）来判断当前需要的整车驾驶需求。加速/制动踏板信号受驾驶员操控，因此工况判断也包含驾驶员意图的解析。

比亚迪运行工况主要划分为紧急故障工况、怠速工况、加速工况、能量回收工况、零扭矩工况、跛行工况等，车辆在不同工况下运行的扭矩需求不同。当判断出车辆运行工况后，整车控制器将根据工况，并结合动力电池系统及电机驱动系统计算出当前车辆需求的扭矩。

整车控制部分主要是判断操纵者意愿，根据车辆行驶状态、电池和电机系统的状态合理分配动力，使车辆运行在最佳状态。驱动控制模式分为三种。

正常模式：按照驾驶人意愿、车辆载荷、路面情况和气候环境的变化，调节车辆的动力性、经济性和舒适性。

跛行模式：当车辆某个系统出现中度故障时，此时控制器将不采纳驾驶人的加速请求，而是起动跛行模式后，最高车速为 9 km/h。

停机保护模式：当车辆某个系统出现严重故障时，控制器将停止发出指令，进入停机状态。

整车控制器完成车辆需求扭矩计算后，根据当前车辆的扭矩输出能力，以及当前整车状态参数，最终计算出需要输出的扭矩，然后控制电机驱动系统进行驱动力输出，实现整车的驱动控制。

3. 制动能量回馈控制

汽车在减速或制动时将其中的一部分动能或势能转化为电能并存储在能量储存装置中的过程，称为制动能量回馈。

电动汽车与传统内燃机汽车相比，非常适合进行制动能量回馈：有现成的能量回收装置——电机，有现成的能量存储装置——动力电池，有现成的电源转换装置——电机控制器。因此，电动汽车普遍有制动能量回馈功能。电动汽车采用电力制动时，通过将驱动电动机转变为发电状态来使车辆产生制动力矩，同时将所产生的电能存储到蓄电池中，从而有效地回收制动能量，延长续驶里程。这一点对城市用车非常重要，因为在城市行驶工况中，汽车需要频繁起动、制动。有关研究表明，如果有效地回收制动能量，纯电动汽车的续驶里程可以提高 10%~30%。

电动汽车的制动方式可分为机械制动（通常是液压制动）和电力制动两大类，其制动系统实质上是一种混合制动系统。

电动汽车制动工况大致可分为三种，在不同工况下制动系统应采用不同的制动策略。

（1）紧急制动：指紧急制动时对应的制动减速度较大。出于安全性方面的考虑，在这种情况下应以机械制动为主，一般不进行能量回馈。

（2）中轻度制动：指汽车在正常行驶工况下的制动过程，可分为减速过程与停车过程。通常由电力制动主导完成减速过程，机械制动主导完成停车过程。两种制动的过渡点由电动机发电特性确定，应避免充电电流过大或充电时间过长。

（3）下长坡时制动：此种工况下对制动力的要求不大，制动力通常可完全由电力制动提供，在制动过程中回馈电流稳定，充电时间长，但是要防止动力电池过充。

4. 整车保护功能控制

电动汽车中动力电池、驱动电机、电机控制器等为高压部件，因此整车保护功能主要是指高压防护。通常包括以下几方面。

（1）高压警示：高压线束用警告色（黄色）提醒、高压部件上有明确的指示标志（警示标签），如图1-2-4所示。

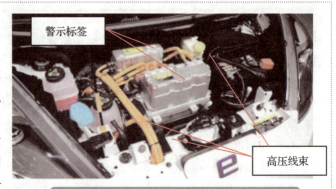

图1-2-4　高压线束与高压部件标签

（2）防护措施，主要包括高压互锁、绝缘电阻检查、漏电保护等。

技能训练

1.2.3　数据流/主动测试

1. 连接诊断仪

将测试主线、USB线与VCI设备（蓝牙接线盒）连接，如图1-2-5所示。

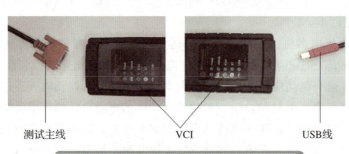

图1-2-5　诊断仪VCI的连接

VCI设备的基本结构如图1-2-6所示，VCI设备各部分的功能见表1-2-2。

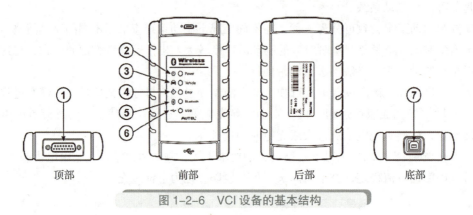

图1-2-6　VCI设备的基本结构

表 1-2-2 VCI 设备各部分的功能

视图	序号	功能
顶部	1	车辆数据口
前部	2	电源指示灯——通电后绿灯持续点亮
	3	车辆指示灯——与车辆网络通信后绿灯闪烁
	4	故障指示灯——出现严重硬件故障时红灯持续点亮；执行软件/固件更新时红灯闪烁
	5	蓝牙指示灯——与 MaxiSys 平板诊断设备通过蓝牙连接通信时绿灯持续点亮
	6	USB 指示灯——通过 USB 连接线与 MaxiSys 平板诊断设备正确连接时绿灯持续点亮
后部		设备标识
底部	7	USB 端口

将 USB 线与平板显示器连接；将测试主线连接到车辆 OBDII 诊断插口，比亚迪 E5 的诊断接口位于主驾驶室。

2. 进入诊断仪

确定与车辆成功配对后，打开诊断仪电源开关，然后滑动解锁触摸键将屏幕解锁。

在屏幕上点击"MaxiSys"图标，进入后点击"诊断"图标，如图 1-2-7 所示。在制造商选择界面选择"比亚迪"，如图 1-2-8 所示。

图 1-2-7 诊断界面

图 1-2-8 选择制造商

进入后显示连接 VCI 界面，如图 1-2-9 所示，界面显示：请确认车辆连接到 VCI 并且打开点火钥匙；当正在建立通信连接时，大约需要 10 秒钟，请稍等。

与车辆建立通信后点击确定，进入车型选择界面，如图 1-2-10 所示，选择"E5"，则进入比亚迪 E5 车型各个系统的选择界面，如图 1-2-11 所示。

图 1-2-9　连接 VCI 界面

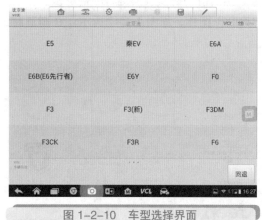

图 1-2-10　车型选择界面

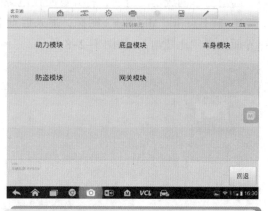

图 1-2-11　模块选择界面

3. 读取数据流/主动测试

进行数据流读取需要进入各个相关控制单元，因此要选择控制单元，进入模块选择界面，此时可根据想要读取的数据流进入相应模块。下面以电池管理系统为例进行数据流读取与主动测试。

选择动力模块，进入控制单元选择界面，如图 1-2-12 所示，选择"电池管理系统"。

进入电池管理系统后进入功能菜单，可以进行读取故障码、清除故障码、读取数据流、主动测试操作和特殊功能操作，如图 1-2-13 所示（系统界面显示为"动作测试"）。其中特殊功能可以标定动力电池电量。

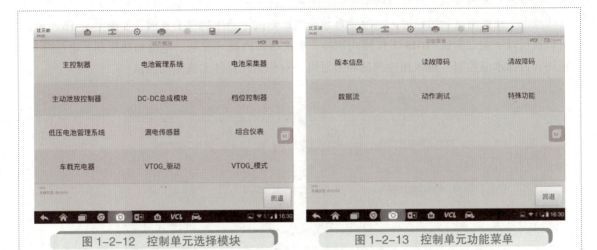

图 1-2-12 控制单元选择模块　　　图 1-2-13 控制单元功能菜单

点击"读取数据流"图标后进入电池管理系统数据流界面，如图 1-2-14 和图 1-2-15 所示，可以上下滑动查看数据流信息。主要信息有满电次数、SOC、电池组当前总电压、电池组当前总电流、最大允许充电功率、充电次数、最大允许放电功率、最低电压电池编号、最低单节电池电压、最高电压电池编号、最高单节电池电压、最低温度号、最低温度、最高温度、放电是否允许、充电是否允许、预充状态、主接触器状态、负极接触器状态、正极接触器状态、预充接触器状态以及各个单体电池信息（电压、温度信息）等。

图 1-2-14 电池管理系统部分数据流 1

图 1-2-15 电池管理系统部分数据流 2

点击"动作测试"图标进入电池管理系统主动测试（动作测试）界面，如图 1-2-16 所示，可以进行以下主动测试：BMS 工作模式切换、电池冷却内循环控制、电池加热控制、电池冷却控制和目标水温控制。进入相应测试环节后可以对相关元器件实施主动测试。

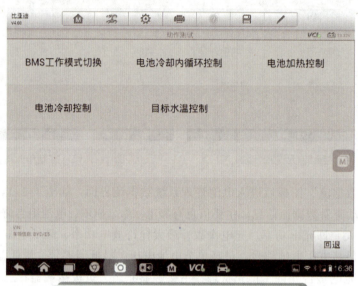

图 1-2-16　电池管理系统动作测试菜单

知识小结

1. 整车控制系统的功能：整车能量优化管理，驾驶员意图解析，驱动控制，制动能量回馈控制，充电过程控制，车辆状态的实时监测和显示，高压上下电控制，故障诊断与处理，整车 CAN 通信网络管理，电动化辅助系统管理。

2. 整车控制器接收到充电信号后（如快充或慢充连接确认信号），配合电池管理系统共同进行充电过程中的充电功率控制，禁止高压系统上电，保证车辆在充电状态下处于行驶锁止状态，并根据电池状态信息限制充电功率，以保护电池。

3. 整车控制器通过对电机驱动系统、电池管理系统、传动系统及其他车载能源动力系统等的协调和管理，实现整车能量利用效率的提高和续驶里程的延长。

4. 比亚迪 E5 整车工作模式主要有三种：充电模式、行驶模式和放电模式。其中，充电模式、放电模式优先于行驶模式。

高压电控总成拆装

工作任务

一辆比亚迪 E5 纯电动汽车不能上高压电、仪表不显示 OK，经检查是高压电控总成故障，需要对其进行更换。请问你知道如何更换高压电控总成吗？在更换高压电控总成时有哪些注意事项呢？

任务分析

学生要完成以上任务，需要能够正确认知高压电控总成外部接口名称，正确进行下电操作，更换高压电控总成，更换驱动系统冷却液，以及认知高压电控总成内部部件与线路。

相关知识

1.3.1 比亚迪 E5 高压电控总成的外部特征

比亚迪 E5 将 VTOG 模块、车载充电器模块、DC/DC 变换器模块和高压配电模块及漏电传感器集成在一个总成内，称为高压电控总成，又称"四合一"。高压电控总成与其他部件的高压连接关系如图 1-3-1 所示，分别与动力电池、交流充电口、直流充电口、永磁同步电机、空调电动压缩机和空调 PTC 水加热器通过高压线束相连。

高压电控总成外部有控制线束接口、低压接口、高压接口和水管接口，各个接口位置如图 1-3-2 所示。

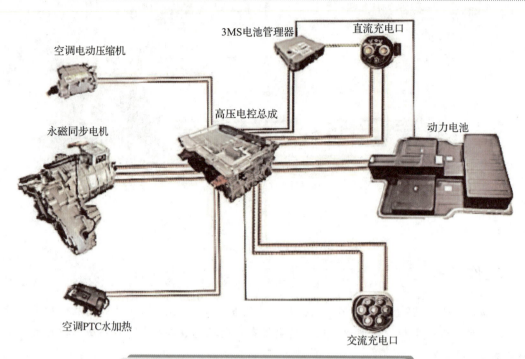

图 1-3-1　高压电控总成与其他部件的连接关系

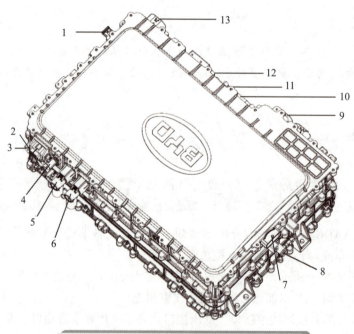

图 1-3-2　高压电控总成各接口位置

1—DC 直流输出接插件；2—33PIN 低压信号接插件；3—高压输出空调压缩机接插件；
4—高压输出 PTC 接插件；5—动力电池正极母线接口；6—动力电池负极母线接口；
7—64PIN 低压接信号插件；8—入水管；9—交流输入 L2、L3 相接口（装有时）；
10—交流输入 L1、N 相接口；11—驱动电机三相输出接插件；12—出水口；13—直流输入接口

高压电控总成前部如图 1-3-3 所示，从右至左依次为：直流输入接口、出水口、驱动电机三相接口、交流输入 L1、N 相接口和交流输入 L2、L3 相接口（装有时）。

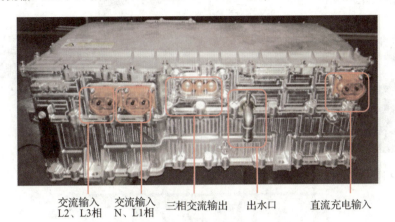

图 1-3-3　高压控制组件正前方外部接口

高压电控总成后部如图 1-3-4 所示，从右至左依次为：动力电池负极母线接口、动力电池正极母线接口、PTC 加热器高压输出接口、电动压缩机高压输出接口和 33PIN 低压插接件。由于 PTC 加热器高压输出接口、电动压缩机高压输出接口形状一样，位置临近，为了防止插错，厂商将这两个接口做成不同颜色。

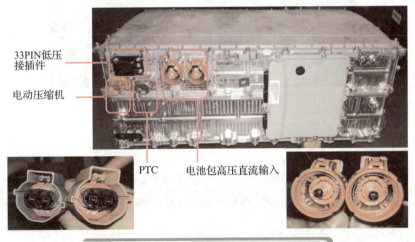

图 1-3-4　高压控制组件后方外部接口

高压电控总成左侧有 DC/DC 低压输出接口、高压保险盒和外壳接地线螺栓孔，如图 1-3-5 所示。DC/DC 低压输出端与低压电池并联给整车低压系统提供 13.8 V 电源；32 A 空调高压保险给电动压缩机和 PTC 水加热器供电。在配有动力电池加热系统的车型上还有动力电池 PTC 水加热总成保险。

高压电控总成右侧有 64PIN 低压插接件、冷却液进水口和外壳接地线螺栓口，如图 1-3-6 所示。高压电控总成通过左右两侧的外壳接地线与车身搭铁，防止壳体带电造成汽车和人身危害。

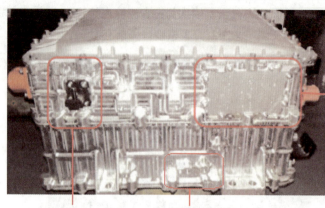

32 A空调保险

DC/DC低压输出　　外壳接地线螺栓孔

图1-3-5　高压控制组件左侧外部接口

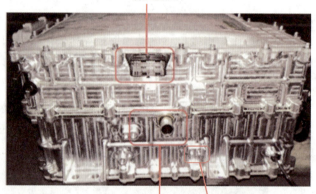

64PIN低压接插件

进水口　外壳接地线螺栓孔

图1-3-6　高压控制组件右侧外部接口

1.3.2　比亚迪E5高压电控总成的内部结构

1. 高压电控总成的结构及功能

1）结构

比亚迪 E5 高压电控总成采用内部集成设计，上层主要包含 VTOG、高压配电箱、漏电传感器和 DC/DC 转换器，如图 1-3-7 所示；在高压电控总成下层有车载双向充电器，如图 1-3-8 所示；中间为冷却水道，冷却液在中间水道中流动，为高压电控总成内部的发热部件，即 IGBT 模块、DC/DC、车载充电机、升降压线圈、放电电阻（主动放电模块、被动放电电阻）等散热。

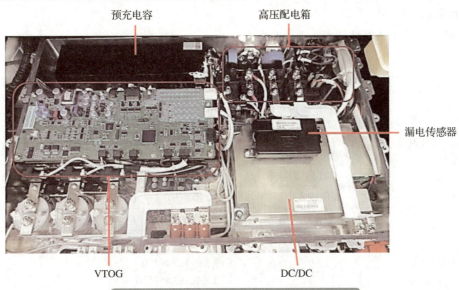

图 1-3-7　比亚迪 E5 高压电控总成上层结构

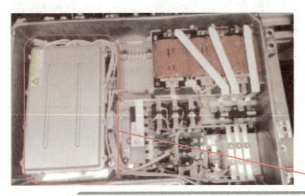

图 1-3-8　比亚迪 E5 高压电控总成下层结构

2）主要功能

（1）控制高压交/直流电双向逆变，驱动电机运转，实现充电功能、放电功能（VTOG、车载充电器）。

（2）实现高压直流电转化低压直流电为整车低压电器系统供电（DC/DC）。

（3）实现整车高压回路配电功能以及高压漏电检测功能（高压配电箱、漏电传感器模块）。

（4）直流充电升压功能（VTOG、直流充电线圈和电容）。

（5）防盗功能：E5 车型的起动防盗，锁的是电机控制器（VTOG），即在整车上电之前，电机控制器也需要对码。如果电机控制器未进行匹配，整车是无法上电的。

（6）包括 CAN 通信、故障处理记录、在线 CAN 烧写及自检等功能。

2. 双向交流逆变式电机控制器（VTOG）

VTOG 主要由 1 块控制板、1 块驱动板、1 块采样板、1 个用于平波的薄膜电容、DC 模块的电感和电容、3 个交流滤波电感、3 个交流滤波电容、泄放电阻、预充电阻、电流霍尔、接触器等元器件组成。

VTOG 的工作电气特性如表 1-3-1 所示。

表 1-3-1 VTOG 的工作电气特性

驱动电机控制器	最大功率 /kW	180
	额定功率 /kW	90
	电机类型	永磁同步电机
	额定输出电流 /A	135
	额定工作效率	97%
	高压输入电压 /V	DC 400~760（从 DC 720 开始限功率）
交流充电	充电功率 /kW	40（三相输入）/7（单相输入）
	额定充电效率	96%
	交流输入电压 /V	单相：AC84~300 三相：AC145~520
	直流侧输出电压 /V	390~760
	被动泄放	断电后，高压电 2 min 之内降到 <DC60V
	主动泄放	断电后，高压电 5 s 之内降到 <DC60V
	工作电压 /V	DC 10~16（额定 DC 12）
	工作电流 /A	< 3.5
	静态功耗 /mA	< 2

3. 高压配电模块

高压配电模块主要作用是完成动力电池电源的输出及分配，其上游是动力电池组，下游包括 VTOG、DC/DC、PTC 水加热器、电动压缩机、漏电传感器，也将 VTOG 和车载充电器的高压直流电分配给动力电池组，实现对支路充电器的保护及切断。

高压配电模块内部主要由铜排连接片、接触器、霍尔电流传感器、预充电阻、动力电池组正负极输入组成，其中接触器由电池管理器控制，通过接触器的通断控制充放电，如图 1-3-9 所示。

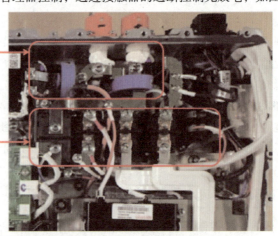

图 1-3-9 比亚迪 E5 高压配电箱内部结构

2个霍尔电流传感器：左边的监测 VTOG 直流侧电流大小，右边的监测动力电池组进出总电流。

5个接触器，图中从左至右依次为：主接触器、交流充电接触器、直流充电正极接触器、直流充电负极接触器、预充接触器。

4. DC/DC 及漏电传感器

比亚迪 E5 用 DC/DC 替代了传统燃油车上的 12 V 发电机和蓄电池并联给各用电器提供低压电源，DC/DC 在直流高压输入端接触器吸合后便开始工作，输出电压标称为 13.8 V。它安装在高压电控总成里，其上装有漏电传感器，见图 1-3-7。

E5 车型高压电控总成内部装配有漏电传感器。它本身也是一个动力网 CAN 模块，通过监测与动力电池输出相连接的正母线与车身底盘之间的绝缘电阻来判定高压系统是否漏电，并将严重漏电信号或一般漏电信号发送给 BMS，同时将绝缘阻值信息通过 CAN 信号发送给电池管理器、VTOG，并采取相应保护措施。

5. 车载充电机

车载充电机（On-Board Charger，OBC），作用是：将交流充电口传递过来的（220 V/50 Hz）交流电转换为直流高压电为动力电池充电。

比亚迪 E5 进行充电时，3.3 kW 功率以内的单相交流充电均是通过 OBC 进行的，而功率大于 3.3 kW 的交流充电（含单相和三相交流）是通过 VTOG 进行的。

实际上 E5 出租车装配的"四合一中"不带 OBC，也是可以通过 VTOG 进行 3.3 kW 以内功率的单相交流充电的。E5 私家车版加装 OBC 的主要原因是：与出租车相比，私家车充电场所不那么固定，经常会存在家用电网小功率充电；而小功率充电时，OBC 的效率比 VTOG 要高一些。

比亚迪 E5 的车载充电机为双向充电机，能将电网传来的交流电整流、升压处理后给动力电池充电；也能将动力电池的直流电降压、逆变后变成交流电，可用于驱动用电设备、给其他电动汽车充电或向电网供电。

技能训练

1.3.3 高压电控总成更换

若确认高压电控总成存在故障，导致车辆不能运行，应按以下步骤进行更换。

1. 清除 VTOG 防盗

在更换电机控制器（或更换"四合一"总成方式）时，使用原厂诊断仪 VDS1000 先对原车的 VTOG 进行密码清除，然后再对换上的备件进行防盗编程。

原厂诊断仪 VDS1000 附加功能中有"电机控制器编程"和"电机控制器密码清除"功能，如图 1-3-10 所示。

2. 下电

退电至 OFF 挡，将钥匙拔下并妥善保存（无线钥匙带离有效范围），打开前舱盖，拆卸低压蓄电池负极，等待 5 min（将高压系统的残余电能释放）。

图 1-3-10 电机控制器编程和清除密码

3. 放水

沿逆时针方向慢慢转动副水箱盖，将冷却系统中的残余压力全部释放；然后取下副水箱盖。举升车辆，拧松放水阀，排尽冷却液。将排出的冷却液存放于合适的容器内。待冷却液排净后，旋紧散热器放水阀。

4. 拆除附件

高压电控总成壳体还作为安装的机体，其上装有 PTC 加热水壶、DC/DC 输出端线束、三相输出端插接器、继电器盒。拆卸高压电控总成前要先从高压电控总成上拆下 PTC 加热器副水箱、DC/DC 输出端线束和继电器盒的固定螺栓。

5. 拔下低压插头

拔下高压电控总成上的低压线束：33PIN 低压插接件（后侧）、64PIN 低压插接件（左侧）。由于 BMS 也安装在高压电控总成上而且无法直接拆卸，因此要拔下安装在高压电控总成上的低压 BMS 上的低压线束，断开 BMS 的连接。

6. 拔下水管

拆除高压电控总成冷却液进水管、出水管以及冷却液排气管管路，其中进水管在高压电控总成的左侧。

7. 拆卸并拔出高压插头

依次拔除高压电控总成上的所有高压接插件：慢充线束插件、快充线束插件、空调 PTC 水加热器插件、电动压缩机插件、动力电池 PTC 水加热器插件（装有时）、动力电池正负极插件。其中驱动电机三相线束需要先拆掉插头固定螺栓。

8. 拆除搭铁线

拆除高压电控总成上左右两根搭铁线。

9. 拆卸高压电控总成

用 14# 套筒拆除高压电控总成与前舱大支架之间的 6 颗 M10 螺栓，其位置如图 1-3-11 所示，用抱装夹具将高压电控总成从前舱中抬出。

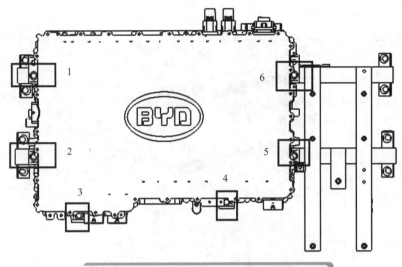

图 1-3-11　高压电控总成固定螺栓

10. 安装高压电控总成

高压电控总成安装按照拆卸相反的顺序进行，并依次进行以下操作：安装两端的搭铁线，安装进水管、出水管、排气管，安装或连接高压线束（包括驱动电机三相连接线、慢充线束、快充线束、电动压缩机线束、PTC 加热器线束、动力电池正负极连接线），安装或连接低压线束（DC/DC 输出线、33PIN 低压插接件、64PIN 低压插接件和低压 BMS 上的 3 个线束插接件）。

11. 加注冷却液

将比亚迪公司指定的冷却液倒入副水箱，直至达到注入口颈部的底端为止。盖上副水箱盖，并拧紧，上电让水泵运转约 5 min，然后将其断电。

待电机和散热器等已冷却，取下副水箱盖，然后将比亚迪公司指定的冷却液注入副水箱使其液面达到副水箱上限（MAX）标记处。

重复上述步骤，直至不需再添加冷却液为止。冷却系统的容量约为 7.8 L。盖上副水箱盖并旋至最终停止位，彻底拧紧。

1.3.4　高压电控总成内部结构认知

打开高压电控总成上盖并进行认知。

高压电控总成的上部结构如图 1-3-12 所示，主要有：高压母线负极霍尔式电流传感器、高压母线正极霍尔式电流传感器、大容量薄膜电容、VTOG 高压电控主板、三相交流电霍尔式电流传感器、IGBT模块（共8个，其中6个用于驱动电机/能量回馈和三相交流充放电，另外2个用于直流充电）、三相交流输出接触器（装有时）、VTOG电源电路板（包括主动泄放电阻）、DC/DC功率变换器、空调32A保险、预充电阻、漏电传感器、直流充电正负极接触器、预充接触器、交流充电接触器（装有时）、主接触器和放电功率电阻（被动泄放电阻）。

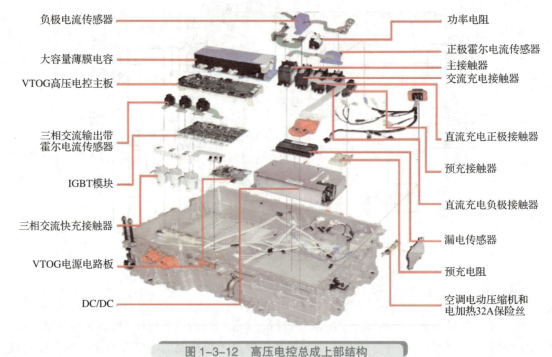

图1-3-12　高压电控总成上部结构

知识小结

1. 比亚迪E5将电机控制器、高压配电盒、车载充电机、DC/DC变换器全部集成在一个总成内，叫作高压电控总成。

2. VTOG（双向交流逆变式电机控制器）主要功能有驱动控制（放电）、交直流充电和防盗等。

3. 比亚迪E5车载充电机为车载双向充电机，可以将电网交流电通过车载充电机总成整流、升压向动力电池充电；也可以将动力电池直流电通过车载充电机降压、逆变对外输出交流电，供用电设备用电、给其他电动汽车充电或向电网供电。

4. 比亚迪E5用DC/DC替代了传统燃油车上的12 V发电机和蓄电池并联给各用电器提供低压电源，DC/DC在直流高压输入端接触器吸合后便开始工作，输出电压标称为13.8 V。

学习情境 2
整车控制系统功能测试

【学习目标】

（1）能通过与客户交流和查阅相关维修技术资料获取车辆信息；

（2）能够向客户讲解剩余电量、续航里程的查看方法；

（3）能向客户介绍高压互锁功能；

（4）能够正确读取仪表显示的故障灯信息；

（5）能够熟练将手机与车辆进行蓝牙连接；

（6）能够进行运动模式和经济模式切换；

（7）能够进行防溜车测试；

（8）能够进行引擎音测试；

（9）能够向客户讲解比亚迪 E5 的对外放电操作；

（10）能够正确进行制动能量回馈测试；

（11）能正确使用绝缘测试仪进行绝缘电阻检测；

（12）能正确使用云服务查看车辆信息；

（13）能正确使用云服务进行车辆远程控制。

车辆静止状态测试

工作任务

客户选购纯电动汽车，询问比亚迪 E5 纯电动汽车的仪表显示代表什么意思，并询问手机能否与比亚迪 E5 进行蓝牙连接。你知道比亚迪 E5 的仪表显示都表示什么意思吗？手机与车辆的蓝牙连接又该如何操作呢？

任务分析

学生需要掌握车辆静止状态测试方法，理解仪表的显示等，能够向客户讲解剩余电量、续航里程的查看方法，能够正确读取仪表显示的故障灯信息，熟练将手机与车辆进行蓝牙连接。

相关知识

车辆静止状态测试，是指车辆在静止状态上电后对相关用电设备进行功能测试，以检查用电设备及相应控制按钮能否正常工作。通过静态测试，能够了解整车上电功能及整车控制器的部分功能是否正常。显示仪表、空调系统等子系统的正常工作是车辆运行安全和舒适等的重要保证。

纯电动汽车静态测试的内容主要包括仪表盘指示功能测试、信息娱乐系统功能测试、其他辅助用电设备测试和上下电测试。

2.1.1 仪表盘指示功能

车辆仪表盘的主要作用是为驾驶员提供车辆状态信息及车辆故障信息。车辆状态信息主要包括整车动力系统状态（如动力电池剩余电量、车辆续驶行驶里程等）和车辆行驶状态（如挡位信号、车速、车辆灯光系统工作情况等）。车辆故障信息主要包括系统故障灯和部件故障灯等。除上述功能之外，显示仪表盘还具有驾驶员提示功能，不仅能以指示灯的形式进行提示（如充电提醒灯、室外温度提示灯、安全带未系提示灯等），还能够在必要的时候进行声音报警和文字报警提示。

比亚迪 E5 纯电动汽车的仪表盘及各指示灯如图 2-1-1 所示，主要分为三个区域：功率表、信息显示屏和车速表。

图 2-1-1　比亚迪 E5 的组合仪表

1—功率表；2—信息显示屏；3—车速表

1. 功率表

比亚迪 E5 的功率表如图 2-1-2 所示。功率表显示当前模式下整车的实时功率。功率表默认用"kW"（千瓦）来指示整车的功率，可通过菜单中的单位设置选择"HP"（马力）。它们之间的转换关系为：1 HP（马力）=0.745 7 kW（千瓦），1 kW（千瓦）=1.34 HP（马力）。

在车辆下坡时或减速行驶时，功率指示值可能为负值，表示当前车辆正在给动力电池充电，即汽车现在处于能量回收状态。

2. 车速表

比亚迪 E5 的车速表如图 2-1-3 所示。电源挡位处于"OK"挡时，此表指示当前车速值，车速表默认用"km/h"（千米每小时）来指示整车的车速，可通过菜单中的单位设置选择"MPH"（英里每小时，俗称"迈"）。它们之间的转换关系为：1 MPH=1.609 km/h。

图 2-1-2　功率表

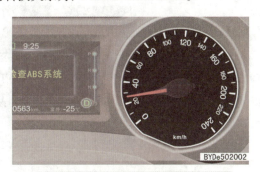

图 2-1-3　车速表

3. 信息显示屏

比亚迪 E5 的信息显示屏的内容包含电量表、里程信息、挡位指示、室外温度、背光调节挡位提示、调节菜单、行车信息、提示信息、故障信息等。

比亚迪 E5 的电量表如图 2-1-4 所示。整车电源挡位处于"OK"挡时，此表指示当前车辆动力电池预计剩余的电量。当指示条将要或已进入红色区，需尽快对动力电池充电。

比亚迪 E5 的里程信息如图 2-1-4 所示，显示信息如下：

里程表——显示车辆已行驶的总里程数。

里程一 / 里程二——显示将两个短距离里程表设定为 0 以来的不同行驶里程数。

可以用短距离里程表来计算每次行驶的里程数（里程一或者里程二）。

比亚迪 E5 的挡位指示如图 2-1-5 所示，变速杆在某位置时，显示相应的挡位指示。比亚迪 E5 的挡位有 P（驻车挡）、R（倒挡）、N（空挡）和 D（前进挡）。

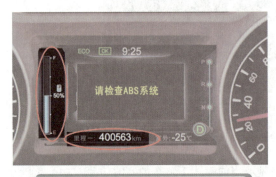

图 2-1-4 电量表和里程信息

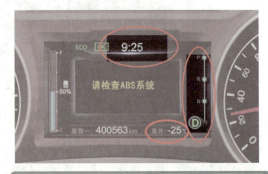

图 2-1-5 挡位指示、时钟信息和室外温度显示

比亚迪 E5 的时钟信息如图 2-1-5 所示，整车电源挡位处于"OK"挡时，此信息显示已设置好的当前时间。

比亚迪 E5 的室外温度信息如图 2-1-5 所示，整车电源挡位处于"OK"挡时，此信息显示室外温度。

比亚迪 E5 的续驶里程显示如图 2-1-6 所示，续驶里程是根据剩余电量并结合车辆行驶工况所计算显示剩余电量所能支持的行驶距离，该距离可能与实际行驶的距离有所不同。此表默认显示单位为"km"（千米），可通过菜单中的单位设置选择"mile"（英里）。它们之间的转换关系为：1 mile=1.609 km。当续驶里程显示数值过低时，应及时对车辆充电。

图 2-1-6 续驶里程显示

能量流程图用于指示电机、电池、车轮之间的能量流向状态，胎压显示各个轮胎的压力数值，如图 2-1-7 所示。

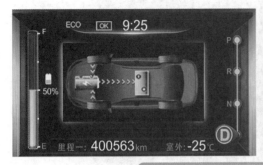

图 2-1-7　能量流程图和胎压

累计平均电耗显示出厂到当前车辆的平均电耗；累计平均电耗费用显示出厂到当前车辆平均 100 km 消耗的电的总费用；最近 50 km 平均电耗显示最近 50 km 的电耗；最近 50 km 平均电耗费用显示最近 50 km 车辆消耗电的费用，如图 2-1-8 所示。

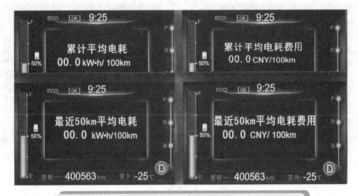

图 2-1-8　电耗显示

平均车速是指自上次重新设置后至当前状态的平均车速；行驶时间是指自上次重新设置后的行驶时间，如图 2-1-9 所示。

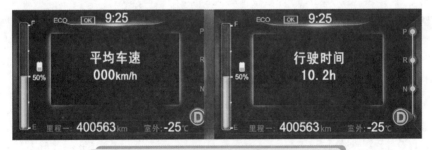

图 2-1-9　平均车速与行驶时间显示

故障/提示信息弹窗显示包括充电提示信息、放电提示信息、故障提示信息、其他提示信息（如驻车提示、行驶提示、挂挡提示等）。

充放电提示通常是白色字体，屏幕右上角有充电连接图标，如图 2-1-10 所示。

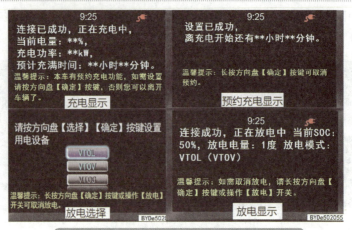

图 2-1-10　充放电信息显示

故障提示信息用黄色字体，如图 2-1-11 所示。

其他提示信息（如驻车提示、行驶提示、挂挡提示等）显示用白色字体，如图 2-1-12 所示。

图 2-1-11　故障提示信息显示

图 2-1-12　其他提示信息显示

4. 仪表盘指示灯/警告灯

常见的指示灯/警告灯及指示/警告内容如表 2-1-1 所示。

表 2-1-1　仪表盘指示灯/警告灯

指示灯	含义	指示灯	含义
	驻车制动故障警告灯*		ESP OFF 警告灯（装有时）
	驾驶员座椅安全带指示灯*		防盗指示灯
	充电系统警告灯*		主告警指示灯*
	前雾灯指示灯		ECO 指示灯（装有时）
	后雾灯指示灯		动力电池电量低警告灯

指示灯	含义	指示灯	含义
	智能钥匙系统警告灯*		动力电池故障警告灯*
	ABS故障警告灯*		胎压故障警告灯（装有时）*
	电机冷却液温度过高警告灯		电子驻车状态指示灯
	ESP故障警告灯（装有时）*		OK指示灯
	车门状态指示灯*		动力系统故障警告灯*
	SRS故障警告灯*		动力电池过热警告灯*
	EPS故障指示灯		动力电池充电连接指示灯
	小灯指示灯		巡航主指示灯（装有时）
	远光灯指示灯		巡航控制指示灯（装有时）
	转向指示灯		

注：带有"*"的指示标记是保养提示指示灯。有关细节可参看"保养提示指示灯和警告蜂鸣器"部分。

2.1.2 多功能信息显示屏

比亚迪 E5 的多功能信息显示屏根据是否带 CD 有不同的显示，如图 2-1-13 所示。

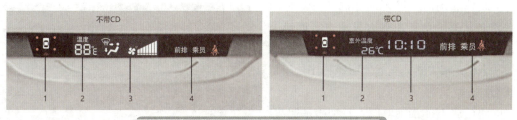

图 2-1-13 多功能显示屏

当不带 CD 时，多功能显示屏显示内容有：1—驻车辅助系统指示灯（装有时），显示当前驻车辅助系统状态；2—温度信息，显示当前空调设定温度；3—空调信息，显示当前自动空调系统设置状态；4—前排乘员座椅安全带指示灯，显示当前副驾乘员安全带状态。

当带 CD 时，多功能显示屏显示内容有：1—驻车辅助系统指示灯（装有时），显示当前驻车辅助系统状态；2—室外温度信息，显示当前室外温度；3—时钟信息，显示当前已设置好的时间；4—前排乘员座椅安全带指示灯，显示当前副驾乘员安全带状态。

2.1.3 信息娱乐系统

1. 多媒体系统

比亚迪 E5 的多媒体系统按键如图 2-1-14 所示。

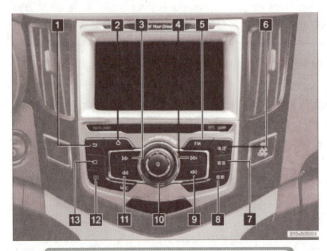

图 2-1-14 多媒体系统按键

1—返回；2—主页面；3—单步调节 +；4—调节 +；5—收音机 FM；6—电话；7—音乐；8—视频；
9—调节 -；10—开 / 关机按键和音量调节旋钮；11—单步调节 -；12—关屏；13—后台

1）多功能触摸屏

当电源挡位置于"ACC"时，系统起动，触摸屏将显示初始画面数秒，系统开始工作。当系统起动后，系统进入工作状态，并弹出警告信息。在该界面下点击"同意"，则可以在行驶状态下正常使用所有功能。该界面显示 5 s 后自动进入桌面系统。

多媒体起动后，屏幕顶部的状态栏显示有关设备状态的信息，桌面显示主页面第一页，如图 2-1-15 所示。

状态栏：相关图标亮起表明该程序处于工作状态。

时间显示：显示当前时间、日期和星期几。

应用程序快捷栏：点击可打开各个应用程序，在下侧快捷栏，用户可根据自己的喜好通过长按图标添加或删除这些快捷方式，默认快捷栏包含行驶设置、车辆设置、电话、喜马拉雅 FM、收音机。

图 2-1-15 桌面及主页面

1—状态栏；2—时间显示；3—应用程序快捷栏；4—主页面

向左滑动进入主页面第二页、第三页，主页面第二页包含的功能有音乐、关屏、视频、蓝牙音乐、文件管理、BYD 市场、百度输入法、高德地图、图库、设置；主页面第三页包含的功能有浏览器、计算器、MStest、咔嚓截屏、360 超级 ROOT。

2）手势及响应

多媒体系统为安卓系统，手势及响应为安卓系统的普遍操作。

2. 音响系统

比亚迪 E5 多媒体音响按键如图 2-1-16 所示，主要包括：开 / 关机按键及音量调节旋钮，FM、AM 选择按键，CD、SD 选择按键，向上、向下调节按键，向前、向后选择按键等。

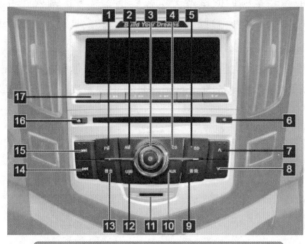

图 2-1-16　多媒体音响按键

1—FM 选择按键；2—AM 选择按键；3—开 / 关机按键及音量调节旋钮；4—CD 选择按键；5—SD 选择按键；6—静音按键；7—向上调节按键；8—向下调节按键；9—音效调节旋钮；10—AUX 选择按键；11—音频 SD 卡槽；12—USB 选择按键；13—搜台按键；14—向前选择按键；15—向后选择按键；16—出碟按键；17—"1—6"数字按键

也可以利用转向盘上的功能按键调节音响系统的一些部件，如图 2-1-17 所示。

1）模式开关

用该开关可以打开或关闭音响系统，或改变音响模式：轻轻按下开关，打开音响系统；按住开关 3 s 以上，关闭音响系统；短按，可在 FM—AUX—SD—USB—蓝牙音乐—FM 之间切换循环。

2）音量调节按键

按"+"侧增加音量，按住开关，持续增加音量；按"-"侧降低音量，按住开关，持续降低音量。

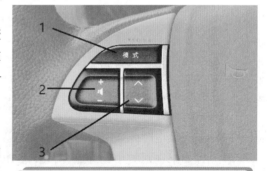

图 2-1-17　转向盘功能按键

1—模式开关；2—音量调节按键；3—选择按键

3）选择按键

收音机模式下，选择按键可用于搜索电台。快速按下并释放按键可搜索电台；重复一次上述动作搜索到下一个电台，在搜索过程中，如果按开关的任何一侧，则取消搜索模式；需要调高或调低频率时，按住开关，收音机将开始向上或向下搜索电台，松开开关，将停止在搜索到的频率位置，重复一次此动作搜索到下一个电台。

播放CD、SD或USB设备时，选择按键可用于选择曲目。快速按下并释放"向上"或"向下"开关，直到到达需要的曲目。如果需要返回当前曲目的起始位置，可快速按一下"向上"开关。

2.1.4 其他辅助用电设备功能测试

辅助用电设备主要包括车辆照明系统、车辆空调系统、雨刮器、点烟器、电动车窗等设备。辅助用电设备多受控于车身控制器和其他子系统控制器，如空调控制器，这些控制器通过与整车控制器的通信，协调完成相应控制功能。

辅助用电设备虽然与车辆动力性能的好坏无太大联系，但直接关系着车辆驾驶员的安全和驾驶舒适性，因此保证辅助用电设备的功能完好具有重要意义。

技能训练

2.1.5 电动汽车特有故障灯信息认知

电动汽车特有的故障灯主要有充电系统警告灯、动力系统故障警告灯、电机冷却液温度过高警告灯、动力电池过热警告灯、动力电池故障警告灯等，如图2-1-18所示。

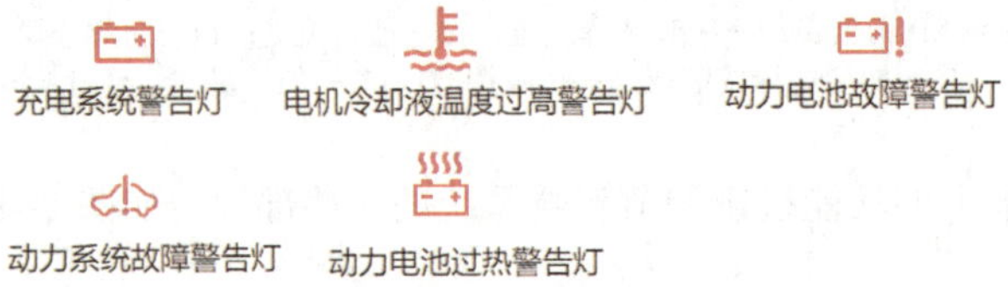

充电系统警告灯　　电机冷却液温度过高警告灯　　动力电池故障警告灯

动力系统故障警告灯　　动力电池过热警告灯

图2-1-18　常见的电动汽车特有故障灯

1. 充电系统警告灯

（1）充电时此灯用于警告充电系统故障。
（2）放电时此灯用于警告放电系统故障。
（3）非充放电时此灯用于警告DC模块及起动型铁电池模块的工作状态。

注意：如果在驾驶中此灯点亮，表示DC系统或起动型铁电池系统存在问题。关闭空调、风扇、收音机等，建议将车直接开到最近的比亚迪汽车授权服务店进行修理。

2. 动力系统故障警告灯

如果动力系统发生故障，此警告灯点亮。

如果发生下列任何一种情况，则表示由警告灯系统监控的部件中某处发生故障，建议尽快与比亚迪汽车授权服务店联系检查车辆：

（1）整车电源挡位处于"OK"挡时，此警告灯持续点亮。
（2）驾驶中此警告灯点亮。

注意：在操作中，此警告灯短暂点亮不表示有问题。尽量不要在警告灯点亮的情况下驾驶车辆，建议尽快与比亚迪汽车授权服务店联系检查车辆。

3. 电机冷却液温度过高警告灯

当整车电源挡位处于"OK"挡时，此警告指示电动机冷却液的温度过高。在恶劣的条件下，例如酷暑季节或长时间爬坡、高速行驶，电机可能产生过热现象。

电机冷却液温度过高警告灯常亮，表示温度过高，同时右侧信息显示屏显示"冷却液温度过高，请立即将车辆停靠在安全路段，使电动机降温，并建议联系比亚迪汽车授权服务店"；闪烁时表示冷却液液位低，应及时添加冷却液。

4. 动力电池过热警告灯

如果此指示灯点亮，表示动力电池温度太高，须停车降温。

在下列工作条件中，动力电池可能会产生过热现象，例如：
（1）在炎热的天气进行长时间爬坡。
（2）长时间停停走走，频繁急加速、急刹车，或车辆长时间运转得不到休息的状况。

5. 动力电池故障警告灯

当整车电源挡位处于"OK"挡时，此灯点亮。如果动力电池系统工作正常，则几秒钟后此灯熄灭。此后，如果系统发生故障，此灯将再次点亮，建议与比亚迪汽车授权服务店联系检查车辆。

如果发生任何一种下列情况，则表示由警告灯系统监控的部件中发生故障，建议尽快与比亚迪汽车授权服务店联系检查车辆。
（1）当整车电源挡位处于"OK"挡时，此灯持续点亮。
（2）驾驶中此灯持续或偶然点亮。

2.1.6 蓝牙设置与连接

1. 蓝牙设置

在蓝牙界面中按"设置"，界面如图 2-1-19 所示。点击"设备名称"进入设备名称修改界面，设备名称为数字或字母及文字，所设置的设备名称字符个数为 1~10。点击"配对密码"进入密码修改界面，配对密码必须为 4 位数字，默认初始密码为"0000"或"1234"。点击"自动连接"，即开启自动连接功能。当自动连接功能开起

图 2-1-19 蓝牙设置界面

时，多媒体每次开机时都会检测最近一次所连接的设备，若检测到该设备，则自动连接到此设备上。再次点击"自动连接"，自动连接功能关闭。点击"自动应答"，即自动应答功能开起。当自动应答功能开起时，当有来电 5 s 未手动接听，即会自动接听。

2. 蓝牙连接

在蓝牙界面中按"设备连接"，界面如图 2-1-20 所示。

在该界面可以最多记录 8 个曾经连接过的设备名称，若要连接所储存的 8 个设备以外的设备，必须先删除当前某一个设备名称后，才能进行连接，即不会自动覆盖前一个设备。

可以点选当前的某个设备名称进行连接，也可以通过该设备搜索到多媒体系统进行连接。

图 2-1-20 蓝牙连接界面

蓝牙连接后，若允许导入通信录，则可在通信录界面查看联系人。

蓝牙连接后可以接听或拨打电话，如图 2-1-21 所示。

图 2-1-21 接听拨打电话

点击切换按键，可进行多媒体与设备的声音切换；点击静音按键，进入麦克风静音状态；再次点击即可取消静音。

知识小结

1. 纯电动汽车静态测试的内容主要包括仪表盘指示功能测试、信息娱乐系统功能测试、其他辅助用电设备测试和上下电测试。

2. 比亚迪 E5 纯电动汽车的仪表盘主要分为三个区域：功率表、信息显示屏和车速表。

3. 比亚迪 E5 的信息显示屏包含电量表、里程信息、挡位指示、室外温度、背光调节挡位提示、调节菜单、行车信息、提示信息、故障信息。

4. 比亚迪 E5 信息显示屏显示的行车信息主要包括续驶里程、能量流程图、胎压、累计平均电耗、累计平均电耗费用、最近 50 km 平均电耗、最近 50 km 平均电耗费用、平均车速和行驶时间。

整车驱动控制功能测试

工作任务

顾客来比亚迪新能源汽车4S店看车,询问驾驶比亚迪E5 450电动汽车与驾驶燃油车有什么区别,换挡时操作一样吗?你能正确进行解释吗?

任务分析

要完成以上任务,学生需要掌握电动汽车驱动装置,能够向客户讲解电动汽车与燃油车在驱动模式上的区别;能够进行运动模式和经济模式切换;能够进行防溜车测试;能够进行引擎音测试。

相关知识

2.2.1 电动汽车驱动装置

电动汽车驱动装置主要包括电机控制器、驱动电机、机械传动装置(减速器/变速器、主减速器、差速器、半轴)和车轮等,其功用是将储存在动力电池中的电能高效地转化为车辆的动能,并能够在车辆减速制动时将车辆的动能转化为电能充入动力电池。

电机控制器按照VCU的指令和电机的速度信号、电流信号等反馈信号,对电机的转速、转矩和旋转方向进行控制。驱动电机在电动汽车中要承担电动机和发电机两种功能,即正常行驶时发挥电动机功能,将电能转化为机械能;在减速、下坡时又要发挥发电机作用,将机械能转化为电能。机械传动装置通常是由减速器(或变速器)和差速器组成,其作用是将驱动电机的转矩减速增扭后传递给驱动车轮。

1. 纯电动汽车的驱动方式

根据驱动电机及机械传动装置的布置形式，纯电动汽车的驱动方式可以分为以下几种。

1）传统的驱动模式

与传统汽车驱动系统的布置方式一致，配置有多挡传动装置（变速器）和离合器，只是将发动机换成电动机，如图 2-2-1（a）所示，属于改造型电动汽车。这种布置可以提高电动汽车的起动转矩，增加低速时电动汽车的后备功率。

2）电机 - 驱动桥组合驱动模式

根据电机的特性，可以直接采用具有固定速比的减速器，因此整个驱动结构不存在换挡问题，从而舍去了离合器，如图 2-2-1（b）所示。为了进一步简化驱动系统，可以将驱动电机、减速器及差速器进行集成，将集成后的部件直接连接到驱动轴上，如图 2-2-1（c）所示。

这种方式要求电机有较大的起动转矩和较大的后备功率，以保证电动汽车的起步、爬坡、加速超车等动力性要求。

3）双电机式驱动模式

将一个电机集中驱动变为两个电机分别驱动，如图 2-2-1（d）所示。两个电机分别驱动保证了两侧车轮可以在同一时刻具有不同的转速，因此可以省去传统的差速器。为了更好地利用空间，可以将电机放在车轮上进行轮式驱动，采用轮边减速器对电机的输出进行减速增扭，如图 2-2-1（e）所示。

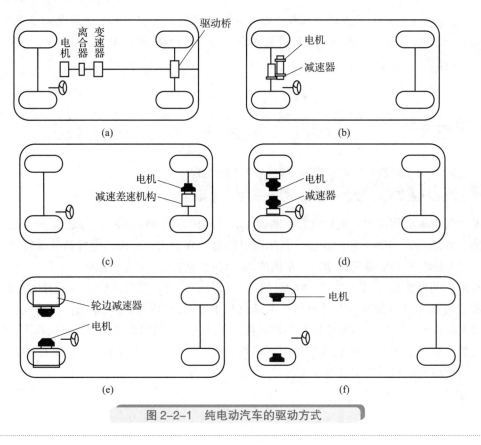

图 2-2-1　纯电动汽车的驱动方式

这种传动方式除了对电机有较高的要求外,还要求电机控制系统有较高的控制精度及可靠性,从而保证电动汽车行驶安全。

4)轮毂电机式驱动模式

去掉所有的机械传动装置,直接将电机内置于车轮,如图2-2-1(f)所示。这样可以最大限度地简化整车结构,提高空间利用率,减轻整车质量,还可以提高传动效率。然而,这种布置对电机集成度要求高,对电机的设计要求也更为苛刻;这样也增加了汽车的非簧载质量,对汽车的平顺性不利。

2. 电机驱动的特性

1)理想的动力输出特性

从车辆的角度来说,理想的动力输出特性曲线应是在全车速范围内可以保持恒功率输出,输出转矩随车速的上升呈双曲线趋势下降,如图2-2-2所示。但是在低速时,转矩被限制为一个恒值,因为此时最大驱动力由轮胎与地面接触面间的附着力决定,因此为了防止车轮打滑,这个恒值不能超过附着力。动力装置的恒转矩特性可以在低速时提供高牵引力,满足车辆在加速、超车或是爬坡等行驶路况的需求。

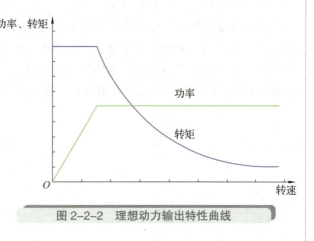

图2-2-2 理想动力输出特性曲线

2)内燃机的动力输出特性

迄今为止,内燃机和电动机仍然是汽车上最普遍的动力提供装置。但是内燃机的转矩-转速特性(见图2-2-3)通常与汽车牵引力所要求的理想运行特性有一定的差距,它能够平稳地运行在怠速状态,通常到达中间速度时可以输出最大转矩,若进一步增加转速,由于进气管中的损耗增加,使平均有效压力降低,输出转矩减小。与汽车理想的转矩-转速曲线相比,内燃机只是具有相对平滑的转矩-转速曲线。所以在传统燃油车辆上安装多挡变速箱的目的是为了让内燃机的转矩-转速曲线向理想曲线靠拢,扩大内燃机输出大功率的转速范围,如图2-2-4所示。

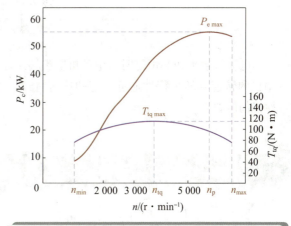

图2-2-3 内燃机转矩-转速特性曲线

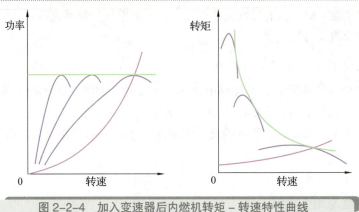

图 2-2-4 加入变速器后内燃机转矩 – 转速特性曲线

3）电动机的动力输出特性

电动机通常具有很逼近汽车理想运行特性的转矩 – 转速输出特性，如图 2-2-5 所示。通常电动机由零转速起动，在基速以下采用电压控制，可以保持恒转矩输出。当转速增加到其基速时，电压增至其额定值，而磁通保持为常值。当转速超过基速后，电压保持为常值，而磁通被削弱，这就能保证输出功率恒定，而转矩随转速呈双曲线形下降。

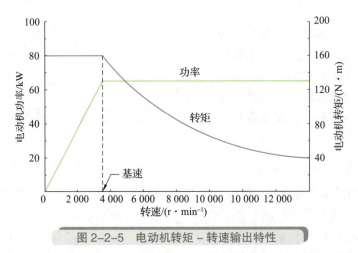

图 2-2-5 电动机转矩 – 转速输出特性

当电动机输出功率恒定时，电动机输出转矩随着转速的下降而增大，接近理想特性。因为电动机的转速 – 转矩特性逼近理想的运行特性，故采用单挡或双挡传动装置即可满足车辆运行性能的需要。

2.2.2 常见纯电动汽车的驱动系统及驱动模式

1. 比亚迪 E5 的驱动系统

比亚迪 E5 纯电动汽车动力传动系统如图 2-2-6 所示，主要包括驱动电机、单级减速器、主减速器、差速器和半轴。驱动电机通过螺栓与单级减速器相连；单级减速器、主减速器、差速器安装在一个壳体内成为减速驱动桥的形式。动力最终通过左右两根半轴将动力输出给左右两个驱动轮。驱动电机与变速驱动桥总成的质量为 103 kg，驱动电机的最大输出功率为 160 kW。匹配单挡变速器，总减速比为 9.342，一级传动比为 3.158，主减速传动比为 2.958。

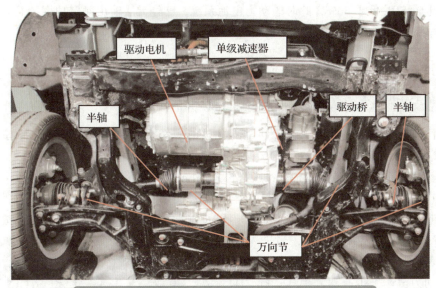

图 2-2-6　比亚迪 E5 纯电动汽车动力传动系统

2. 驱动模式

电动汽车的驱动模式大体上可以分为：起步模式、正常驱动模式、制动模式和失效保护模式。

1）起步模式

这个模式最重要的特点是：进入起步模式以后，如果车辆处于水平路面，则车辆会以较小的速度开始行驶；如果车辆处于斜坡上，则车辆至少会维持住原地不动的状态。这是起步模式的特殊设计，该模式下，不必踩踏加速踏板，电机会自动输出一个基础转矩，防止溜车。

2）正常驱动模式

车辆处于正常运行状态，包括加速、减速和倒车。这个过程中，整车控制系统持续监测各个电气系统的电流、电压和温度等参数，以及车辆自身的车速、滑移率等行车参数。识别驾驶员意图，按照加速踏板的开度和开度变化率，计算电机的驱动转矩和电池的输出功率。

3）制动模式

制动踏板被踩下，启动制动模式。整车控制系统分析制动踏板的开度和开度变化率以及车速，结合车辆自身的车型参数，推算制动力矩分配，做出最合理的制动力矩分配方案。将电机回收制动力矩指令发给电机控制器，将液压制动力矩发给制动控制器，保证制动系统制动效能并回收部分制动能量，同时还要判断是否优先启动 ABS 主导制动过程，从而安全有效地实现驾驶员的制动意图。

4）失效保护模式

一般把电动汽车运行过程中系统内出现的故障定义成几个等级。

故障等级最低的，一般只是提示驾驶员，如电池温度达到50℃。

故障等级最高的，会强制车辆在短时间内停车并切断动力传递，如检测出了系统绝缘故障。

而介于上述两个等级之间的故障，系统不会强制停车，但会对车辆的运行状态进行限制。例如电池电量SOC低于30%，此时的动力电池系统，已经无法输出额定功率，而只能以一个较小的功率工作，可以进行限速行驶或限制电机的功率。

2.2.3 驾驶模式选择

电动汽车（混动、纯电动）为了匹配驾驶员的操作意图和操作习惯往往都有多种驾驶模式。

纯电动汽车通常有两种驾驶模式：经济模式（Economy）和运动模式（Sport）；有些车型上经济模式还有不同的挡位（往往是对应不同的制动能量回收策略）。

比亚迪E5的驾驶模式包括普通模式和经济（ECO）模式，可以通过"ECO"按钮（见图2-2-7）来实现驾驶模式的切换，当进入ECO模式时，仪表盘上显示"ECO"字样。

混合动力汽车上也有驾驶模式选择，如荣威IEV6有E(经济模式)、N(普通模式)、S(运动模式)，混动卡罗拉的驾驶模式有纯电动模式（CHG）、经济模式（ECO）、正常模式（NOR）和动力模式（PWR）。

图2-2-7 比亚迪E5的ECO按钮

2.2.4 比亚迪E5的驱动保护措施

1. 跛行模式

电动车在正常行驶状态下电池SOC低于规定值（如5%、10%），但是还可以满足车辆继续缓慢行驶时，整车控制器切断汽车的空调等附件的能量供应并控制驱动电机输出转矩（限制驱动电机功率），保证汽车缓慢行驶到附近区域充电站。这种驱动模式称为跛行模式或跛行回家模式。

当整车动力系统出现故障，整车控制器根据故障等级判断车辆还可以继续行驶而不需要紧急停车，但是需要对输出转矩进行限制时，也会使车辆进入跛行模式。

电动汽车进入跛行模式通常是由下列因素引起的：动力电池荷电状态过低（SOC过小）、动力电池温度过低、动力电池或驱动电机温度过高、加速踏板信号故障，以及制动系统故障等。

2. 异常换挡防护

纯电动汽车没有离合器踏板而且换挡手柄操作简单，比较容易对挡位进行调整，为防止不正常换挡，需要采取相应的安全措施。不同汽车常见的换挡防护措施不同，比亚迪E5的换挡安全措施为：
(1) 必须踩下制动踏板，换挡操作才有效。
(2) 车辆行驶中进行的换挡操作无效。

3. 防溜车功能

当车辆在坡道上起步时，驾驶员从松开制动踏板到踩下加速踏板的过程中，可能会出现向后溜车的现象。此外，车辆在坡道上行驶过程中，如果驾驶员踩下的加速踏板的深度不够，导致驱动力不足时，车辆也会出现车速逐渐降到 0 然后向后溜车的现象。溜车现象产生的最主要原因是车辆驱动力不足以克服车辆在坡道上受到的自身重力及车轮与地面之间摩擦力的合力。为了防止车辆在坡道上向后溜车现象，在纯电动汽车整车控制策略中需要增加防溜车控制功能。

防溜车功能通常是通过电机控制器给电机施加一个较小的电流，保证产生的力矩能使车辆停驻在坡道上。

4. 驻车功能

比亚迪 E5 采用电子驻车系统（EPB），通过简单的电子驻车开关操作取代传统的手动拉杆，通过 ECU 控制电机拉索实现驻车功能，同时此系统还可以辅助安全驾驶。主要保护策略有：
(1) 整车熄火至 OFF 挡或挡位在 P 挡，系统会自动起动驻车功能，避免驾驶员忘记拉手刹而出现危险。
(2) 整车上电，执行完换挡操作（P 到 D 挡或 P 到 R 挡）后自动取消驻车，避免驾驶员忘记松开手刹而出现的能量损耗。

5. 低速提示音

根据 GB/T 37153—2018《电动汽车低速提示音》的规定，M1 和 N1 类纯电动汽车、具有纯电动行驶模式的混合动力电动汽车以及燃料电池电动汽车都必须有低速提示音。

比亚迪 E5 的低速提示音设置是：
(1) 车辆前进时，低速提示音随车速的变化而变化，变化规律见表 2-2-1。
(2) 倒挡行驶时，车辆发出持续、均匀的警告声。

表 2-2-1 比亚迪新能源汽车低速提示音设置

车 速	声音变化
$v = 0$ km/h	无提示音
0 km/h < v ≤ 20 km/h	提示音随车速的增加而增大
20 km/h < v ≤ 30 km/h	提示音随车速的增加而降低
$v >$ 30 km/h	提示音自动停止

2.2.5 车辆驱动功能测试的方法

车辆驱动功能测试主要包括车辆行驶测试、车辆换挡测试、车辆驱动保护功能测试。

1. 车辆行驶测试

车辆的行驶测试主要包括车辆的起步、换挡、加减速、停车等功能测试。测试时应注意：不同运行状态下整车仪表的相应显示是否正常。车辆起步时，观察车辆起步响应是否迅速，车辆起动过程中是否出现抖动异响等情况；车辆行驶过程中，踩下加速踏板，感觉踩下踏板所需力度是否正常，以及车辆加速响应是否迅速，车速提升是否明显；车辆制动时，制动力是否足够，是否出现抖动异响等。

2. 车辆换挡测试

在进行车辆换挡功能测试时，需要注意以下几点：当选择空挡或倒挡时，需确保车辆处于静止状态；车辆静止时，要求驾驶员先踩下制动踏板才能换挡成功，若未踩下制动踏板换挡，则操作无效。

3. 车辆驱动保护功能测试

车辆驱动保护功能测试的目的是检查是否存在跛行模式、异常换挡防护、防溜车防护、自动驻车和低速提示音等功能。测试方法是将车辆置于引发相应保护功能的状态，如 SOC 过低（或加速踏板信号缺失）——跛行模式，在坡道上松开手刹并松开加速踏板——防溜车，停车不拉手刹（机械手刹/电子手刹）——自动驻车，车速较低（如低于 30 km/h）——低速提示音。在此测试时要注意车辆和人身安全。

技能训练

2.2.6 防溜车测试

以比亚迪 E5 纯电动汽车为例，在实车上进行防溜车功能测试。在进行测试时，需要预先选择测试场地。防溜车功能主要是在车辆坡道起步时起作用，因此测试场地应选择在合适的坡道上，且测试操作应由经验丰富的驾驶员来完成。防溜车功能测试的具体步骤如下：

1）准备工作

将车辆开至坡道上，踩停车辆，拉起电子手刹并将起动按钮置于 OFF 挡。

2）模拟坡道起步

按下起动按钮，车辆上电。踩下制动踏板并操纵换挡杆换至 D 挡位，松开电子手刹。

逐渐松开制动踏板，在未踩下加速踏板时，车辆向后微微溜车，经过一小段距离后，车辆停止在坡道上。

此时通过解码仪进入 VTOG 驱动模块读取驱动电机数据流，显示：电机转速、功率均为 0，但是电机扭矩大于 0，如图 2–2–8 所示。

前进挡位下，松开制动踏板时，车辆向后微微溜车一小段距离后停止在坡道上，是因为此时车辆的驱动力不足以克服阻力使得车辆向前行驶。此时的车辆在坡道上有向后溜车的趋势，VTOG 控制驱动电机输出微小转矩，克服车辆向后溜车的趋势，使车辆停止在坡道上。

与电池管理器通讯状态	通讯正常		
与主控通讯状态	通讯正常		
主接触器状态	正常		
油门位置	0	0...100	%
脚刹深度	0	[0...0]	%
动力电机母线电压	634	0...1000	伏
动力电机转速	0	-11000...11000	转/分
电机扭矩	50	-500...500	牛顿米
电机功率	0	-200...200	Kw

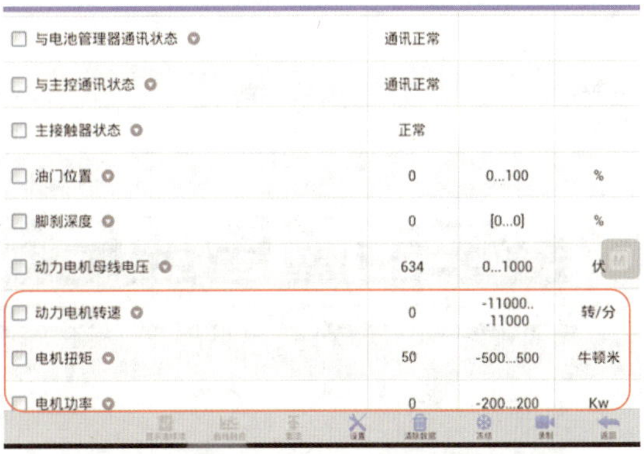

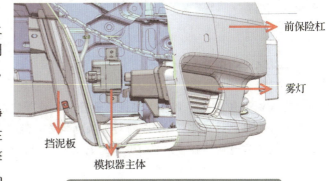

图 2–2–8　VTOG 驱动电机数据流

2.2.7　低速提示音认知与设置

比亚迪 E5 引擎音模拟器用来模拟低速行驶时内燃机汽车的声音，它位于驾驶员侧保险杠的后方，如图 2–2–9 所示。

图 2–2–9　引擎音模拟器

低速提示音系统可通过方向盘上的“确定”和“选择”操作按键控制开启及关闭，车辆重新上电起动时，系统默认开起。

在测试时将车辆置于一个较为静谧的环境中，缓慢将车辆加速，在 0~15 km/h 时，能听到较为微弱的引擎音（模拟发动机声音）；在 15~20 km/h 时能听到较为明显的引擎音；当将车辆加速到车速高于 30 km/h 后，引擎音消失。倒车时能听到较为明显的引擎音。

知识小结

1. 电动汽车驱动装置主要包括电机控制器、驱动电机、机械传动装置（减速器 / 变速器、主减速器、差速器、半轴）和车轮等。其功用是将储存在动力电池中的电能高效地转化为车辆的动能，并能够在车辆减速制动时将车辆的动能转化为电能充入动力电池。

2. 比亚迪 E5 纯电动汽车动力传动系统主要包括驱动电机、单级减速器、主减速器、差速器和半轴。

3. 电动汽车的驱动模式可以分为:起步模式、正常驱动模式、制动模式和失效保护模式。

4. 纯电动汽车上的驾驶模式大部分是经济模式（Economy）和运动模式（Sport）。比亚迪 E5 的驾驶模式切换可以通过操作“ECO”按钮来实现。

整车能量管理与能量回收

工作任务

顾客打算采购一辆比亚迪E5 450电动汽车，询问制动能量回收是什么？电动车怎么开能省电？车辆的对外放电功能又是什么？你能正确进行解释吗？你能现场演示电动汽车的放电功能吗？

任务分析

完成以上任务，需要学生掌握能量管理系统等，能够与客户沟通交流并建立良好的关系；能够向客户讲解比亚迪E5的对外放电操作；能够向客户讲解什么是制动能量回馈；能够迅速切换能量回馈强度；能够正确进行制动能量回馈测试。

相关知识

2.3.1 电动汽车能量管理系统

电动汽车在行车过程中，能量管理系统能随时对车辆的能耗进行计算，最终给出电池模块的剩余电量信息，并通过剩余能量计算出车辆的续驶里程，方便驾驶员决定如何行驶；还能进行能量控制（如限功率行驶、限制空调运转等），在能量允许的条件下使汽车尽量行驶到具有充电功能的场所。

能量管理系统具有从电动汽车各子系统采集运行数据，控制完成电池的充放电、显示动力电池的荷电状态（SOC）、预测剩余行驶里程、监控电池的状态、调节车内温度、调节车灯亮度以及回收再生制动能量为动力电池充电等功能。如图2-3-1所示，电动汽车能量管理系统ECU接收电池输入控制器输入的电池状态参数、车辆运行状态参数、车辆操纵状态等，进行电池输出控制、电机发电机系统控制并进行能量管理系统状态显示。

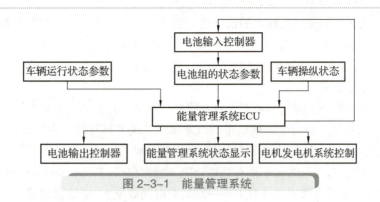

图 2-3-1　能量管理系统

能量管理系统中最主要的是电池管理系统。

电池管理系统是集监测、控制与管理为一体的复杂电气测控系统，也是电动汽车商品化、实用化的关键。电池管理的核心问题就是 SOC 的预估问题，电动汽车电池操作窗 SOC 的合理范围是 30%~70%，这对保证电池寿命和整体的能量效率至关重要。

电池组的状态参数主要是指电池的荷电状态（SOC），指示电动汽车蓄电池中储存有多少电能，还能行驶多少里程，是电动汽车行驶中必须知道的重要参数。

电池管理系统包括硬件部分和软件部分，如图 2-3-2 所示。硬件部分主要包括电压采集线束及传感器、电流采集线束及传感器、温度采集线束及传感器、中央处理器、执行器和传输用总线；软件部分主要包括电压信号计算、电流信号计算、温度信号计算、SOC 估算等。

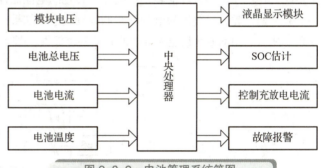

图 2-3-2　电池管理系统简图

电动汽车能量管理功能，包括驱动管理、能量回收管理、充电管理、辅助动力供给管理和放电管理（具有放电功能时）等，能量管理系统与其他系统和部件的连接及通信如图 2-3-3 所示。

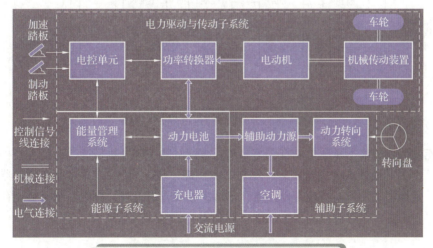

图 2-3-3　电动汽车能量管理系统

驱动管理：根据从加速踏板输入的信号进行驱动，电控单元发出相应的控制指令来控制功率转换器功率装置的通断，调节电动机和电源（动力电池）之间的功率流。

能量回收管理：根据从制动踏板输入的信号进行制动，能量管理系统和电控系统共同控制再生制动及其能量的回收。

充电管理：能量管理系统和车载充电机共同控制充电，并监测电源状况。

辅助动力供给管理：动力电池供给电动汽车辅助系统不同等级的电压并提供必要的动力，主要给电动空调、动力转向、制动及其他辅助装置提供动力。

放电管理：目前，部分电动汽车具有放电功能（通常包括：VTOL——车辆对用电设备放电，VTOV——车辆对其他车辆放电，VTOG——车辆对电网放电）。能量管理系统和车载双向充电机控制放电量、放电电流。

2.3.2 能量回收系统

电动汽车能量回收系统也称为再生制动系统。再生制动是指电动汽车在减速制动（刹车或者下坡）时将汽车的部分动能转化为电能，转化的电能储存在储存装置中，如各种蓄电池、超级电容和超高速飞轮，最终增加电动汽车的续驶里程。如果储能器已经被完全充满，再生制动就不能实现，所需的制动力就只能由常规的制动系统提供。图2-3-4所示为电动汽车再生制动系统结构。

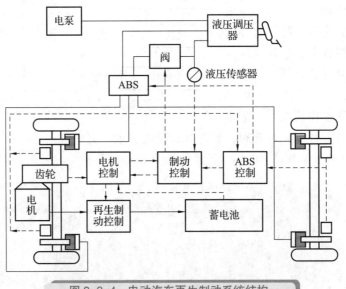

图2-3-4　电动汽车再生制动系统结构

制动能量回收的基本原理是先将汽车制动或减速时的一部分机械能（动能）经再生系统转换（或转移）为其他形式的能量（旋转动能、液压能、化学能等），并储存在储能器中，同时产生一定的负荷阻力使汽车减速制动；当汽车再次起动或加速时，再生系统又将储存在储能器中的能量再转换为汽车行驶所需要的动能（驱动力）。

1. 制动能量回收方法

根据储能机理不同，电动汽车制动能量回收的方法也不同，主要有3种，即飞轮储能、液压储能和电化学储能。液压储能在汽车上应用较少，不再赘述。

1) 飞轮储能

飞轮储能是利用高速旋转的飞轮来储存和释放能量，能量转换过程如图2-3-5所示。当汽车制动或减速时，先将汽车在制动或减速过程中的动能转换成飞轮高速旋转的动能；当汽车再次起动或加速时，高速旋转的飞轮又将储存的动能通过传动装置转化为汽车行驶的驱动力。

图2-3-5 利用飞轮储能时的能量转换过程

图2-3-6所示为一种飞轮储能式制动能量回收系统。系统主要由发动机、高速储能飞轮、增速齿轮、离合器和驱动桥组成。发动机用来提供驱动汽车的主要动力，高速储能飞轮用来回收制动能量以及作为负荷平衡装置，为发动机提供辅助的功率以满足峰值功率的要求。

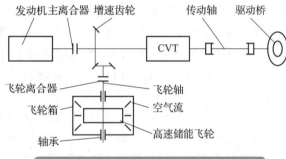

图2-3-6 飞轮储能式制动能量回收系统

2) 电化学储能

电化学储能时的能量转换过程如图2-3-7所示。它是先将汽车在制动或减速过程中的动能，通过发电机转化为电能并以化学能的形式储存在储能器中；当汽车再次起动或加速时，再将储能器中的化学能通过电动机转化为汽车行驶的动能。储能器可采用动力电池或超级电容，由发电机/电动机实现机械能和电能之间的转换。系统还包括一个控制单元，用来控制动力电池或超级电容的充放电状态，并保证动力电池的剩余电量在规定的范围内。

图2-3-7 利用电化学储能时的能量转换过程

图2-3-8所示为一种用于前轮驱动汽车的电化学储能式制动能量回收系统。当汽车以恒定速度或加速度行驶时，电磁离合器脱开。当汽车制动时，行车制动系统开始工作，汽车减速制动，电磁离合器接合，从而接通驱动轴和变速器的输出轴。这样，汽车的动能由输出轴、离合器、驱动轴、驱动轮和从动轮传到发动机和飞轮上。制动时的机械能由电动机转换为电能，存入蓄电池。

2. 制动能量回收系统的类型

制动能量回收系统的类型因储能方法不同而不同，主要有电能式、动能式和液压式。

电能式（储能装置是电池或超级电容）制动能量回收系统主要由发电机、电动机和蓄电池或超级电容组成，一般在电动汽车上使用；动能式制动能量回收系统主要由飞轮、无级变速器构成，一般在公交汽车上使用；液压式制动能量回收系统主要由液压泵/液压马达、蓄能器组成，一般在工程机械或大型车辆上使用。

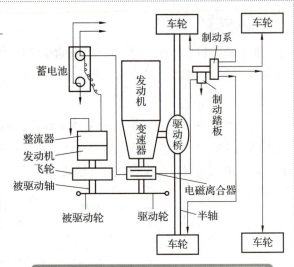

图 2-3-8 电化学储能式制动能量回收系统

目前在电动汽车上采用的制动能量回收系统通常是电能式，储能元件通常为动力电池。在电动汽车上使用制动能量回收系统的作用有：

（1）在目前电动汽车的储能元件没有大的突破与发展的实际情况下，制动能量回收装置可以提高电动汽车的能量利用率，延长电动汽车的行驶里程。

（2）电制动与传统主动相结合，可以减轻传统制动器的磨损，延长其使用周期，达到降低成本的目的。

（3）可以减少汽车制动器在制动过程，尤其是缓速下长坡以及滑行过程中产生的热量，降低汽车制动器的热衰退，提高汽车的安全性和可靠性。

再生制动系统的结构如图2-3-9所示，由驱动轮、主减速器、变速器、电动机、AC/DC转换器、DC/DC转换器、能量储存系统及控制器组成。

汽车制动时，传统汽车是由车轮与地面间的相对运动或相对运动趋势来产生制动力，最终汽车的动能变成制动系统摩擦面间的热能；具有再生制动功能的电动汽车，制动力可以部分或全部由电动机（此时为发电机）提供，汽车的动能部分转化为电能通过 AC/DC 转换器、DC/DC 转换器整流及直流变换，给电池充电。

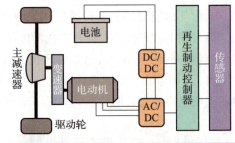

图 2-3-9 再生制动系统的结构

2.3.3 比亚迪 E5 制动能量回收控制

下面以比亚迪 E5 纯电动汽车为例，介绍其制动能量回收的控制原理。比亚迪 E5 纯电动汽车能够在滑行和减速制动时实现制动能量回收。驾驶员可以通过个性化设置进行制动能量回收强度的调节，如图 2-3-10 所示，可以设置为"标准"或"较强"。

在车辆行驶过程中，整车控制器将根据加速踏板和制动踏板的信号、车辆行驶状态信息以及动力电池状态信息（SOC 值）来判断某一时刻能否进行制动能量回收，在满足安全性能、制动性能以及驾驶员舒适性的前提下，回收部分制动能量。

在进行制动能量回收控制时，需要遵循的原则是：制动能量回收不能干预 ABS 的工作；当 ABS 进行制动力调节时，制动能量回收不应该进行；当 ABS 报警时，制动能量回收不应该进行；当电驱动系统出现故障时，制动能量回收不应该进行。

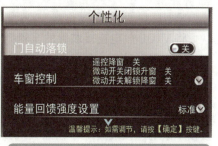

图 2-3-10　制动能量回收强度按键

技能训练

2.3.4　放电测试

1. VTOL 放电

1）放电前准备

确认整车电量不低于 15%，然后整车电源挡位退至"OFF"挡。

解锁交流充电口舱门开关，打开充电口舱门、充电口保护盖。

确保车辆充电端口内没有水或外来物，金属端子没有生锈或者腐蚀造成的破坏或者影响。

确保放电装置没有壳体破裂、电缆磨损、插头生锈或有异物等异常情况。

2）放电设置

按下放电开关按键，如图 2-3-11 所示。

仪表上弹出设置对话框，如图 2-3-12（a）所示，选择"VTOL"放电模式；选择"VTOL"放电模式后进入设置用电设备界面，选择单相设备，如图 2-3-12（b）所示。选择好后，仪表提示"请在 10 分钟内连接放电枪"。

图 2-3-11　放电开关

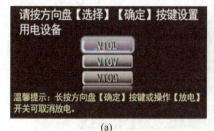

图 2-3-12　放电设置

（a）放电模式设置；（b）用电设备设置

3）连接放电连接装置并放电

将 VTOL 放电连接装置的车辆插头连接至充电口，并可靠锁止。

连接用电设备（负载），车辆开始放电，车辆仪表显示放电信息。

4）结束放电

断开用电设备负载后，可通过按下"放电"按键，或长按"确认"按键（3 s 以上），或直接按下放电连接装置上车辆插头机械按钮来结束放电。

5）整理工具设备

按下放电连接装置上车辆插头机械按钮，拔出车辆插头；将放电连接装置整理好，并妥善放置。关闭充电口保护盖和充电口舱门。

2. VTOV 放电

1）放电前准备

确认整车电量不低于 15%，然后将整车电源挡位退至"OFF"挡。

确保被充电车辆（受电车辆）处于可充电状态。

解锁交流充电口舱门开关，打开充电口舱门、充电口保护盖。

确保车辆充电端口内没有水或外来物，金属端子没有生锈或者腐蚀造成的破坏或者影响。

确保放电装置没有壳体破裂、电缆磨损、插头生锈或有异物等异常情况。

2）放电设置

按下放电开关按键。

仪表上弹出设置对话框，选择"VTOV"放电模式。选择好后，仪表提示"请在 10 分钟内连接放电枪"。

3）连接放电连接装置并放电

将 VTOV 放电连接装置一端的车辆插头连接受电车辆的交流充电口，并可靠锁止；再将另一端的车辆插头连接至放电车辆充电口，并可靠锁止。

放电装置连接好后，放电车辆开始放电，仪表显示放电信息；受电车辆开始充电，仪表显示充电信息；两辆车的仪表显示如图 2-3-13 所示。

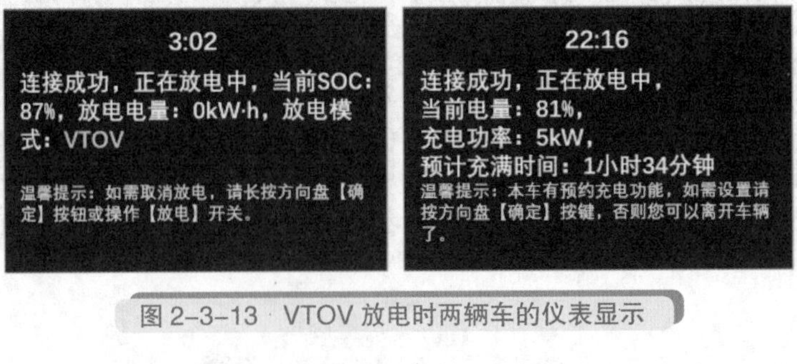

图 2-3-13 VTOV 放电时两辆车的仪表显示

4）结束放电

断开用电设备负载后，可通过按下"放电"按键，或长按"确认"按键（3 s以上），或通过钥匙解锁/微动开关解锁后，按下放电车辆端车辆插头机械按钮结束放电。

5）整理工具设备

按下放电车辆端车辆插头机械按钮，拔出车辆插头；再按下受电车辆端车辆插头机械按钮，拔出车辆插头。将放电连接装置整理好，并妥善放置。

关闭充电口保护盖和充电口舱门。

3. 放电注意事项

车外放电需车辆处在"OFF"挡。

放电前需确认整车电量，估算剩余续驶里程。

VTOL放电前，需确保负载处于关闭状态。

VTOV放电前，确保受电车辆在可充电状态，且两车充电口间距离不得超过VTOV放电装置电缆长度。VTOV放电前，先连接受电车辆端接口，再连接放电车辆端接口。

2.3.5 制动能量回收测试

制动能量回收功能一般在车辆制动时起作用，能量回收情况无法直接进行观察，但可以通过车辆其他部件状态进行间接观察。在进行制动能量回收时，车辆行驶惯性反拖驱动电机，此时主驱动电机工作于发电状态，并将产生的电能输送至电储能装置，此时仪表盘多功能显示屏上将显示能量从驱动轮流向动力电池的能量流动示意图如图2-3-14所示。

除通过上述方法间接观察车辆制动时能量回收情况，比亚迪E5还可以通过仪表盘上的功率表来观察制动能量回收情况：当车辆处于匀速或加速行驶时，整车驱动力由动力电池输出的电能，经过驱动电机转化为机械能后传递至车轮，此时功率表的指针指在白色区域（功率表为正数），如图2-3-15所示。

图2-3-14　制动能量回收时电流流向指示

图2-3-15　车辆前进时仪表盘显示

当车辆处于减速制动状态时，驱动电机作为发电机将制动能量转化为电能为动力电池充电，此时功率表指针指在绿色区域（功率表为负数），颜色表明正在进行能量回收（充电）、数值表明能量回收的功率。

制动能量回收功能测试需要经验丰富的驾驶员在实车上进行操作，场地要求为空旷行人少的路段。测试的具体步骤如下：

（1）打开车门，驾驶员上车。

（2）关闭车门，系好安全带。

（3）驾驶员踩下制动踏板，并按下起动开关（电子手刹自动解除）。

（4）将换挡手柄由 N 挡位换至 D 挡位。

（5）逐渐松开制动踏板，车辆开始行驶。

（6）踩下加速踏板，加速至较高车速。

（7）松开加速踏板（此时也可轻轻踩下制动踏板）。

（8）进行观察：功率表显示功率为负；多功能显示屏在能量流程图界面下，显示能量流方向由车轮回流至动力电池。

注意，在进行能量回收测试时，不要急速踩制动踏板，否则，可能因为 ABS（防抱死刹车系统）介入而不进行制动能量回收。

也可以设置不同的制动能量回收强度来对比观察，设置制动能量回收强度可以通过操作方向盘上的确定键、选择键来进行个性化设置。方法为：操作方向盘上的确定键进入菜单，如图 2-3-16 所示，通过选择键选择个性化。

图 2-3-16 菜单界面

通过选择键选择能量回馈强度设置，可以设置为"标准"和"较强"。

进行不同的能量回馈强度设置后，可以再次进行制动能量回收测试，通过主观评价和通过观察功率表读数来进行对比。

知识小结

1. 电动汽车在行车过程中，能量管理系统能随时对车辆的能耗进行计算，最终给出电池模块的剩余电量信息，并通过剩余能量计算出车辆的续驶里程，方便驾驶员决定如何行驶；还能进行能量控制（如限功率行驶、限制空调运转等），在能量允许的条件下使汽车尽量行驶到具有充电功能的场所。

2. 电动汽车能量管理功能包括驱动管理、能量回收管理、充电管理、辅助动力供给管理和放电管理（具有放电功能时）等。

3. 目前，部分电动汽车具有放电功能（通常包括 VTOL——车辆对用电设备放电，VTOV——车辆对其他车辆放电，VTOG——车辆对电网放电）。能量管理系统和车载双向充电机控制放电量、放电电流。

任务4 保护功能测试

保护功能测试

工作任务 →

顾客在比亚迪新能源汽车4S店看车时询问电动汽车安全吗？进行换水操作的时候有没有触电的危险？你知道纯电动汽车的高压安全措施有哪些吗？你知道什么是高压互锁吗，如何向客户解释呢？

任务分析 →

完成上述任务，需要学生掌握电动汽车换水、高压安全、高压互锁等知识，能与客户交流并建立良好关系，能向客户介绍电动汽车的高压防护措施，能向客户讲解什么是比亚迪E5的高压互锁，能做好个人高压安全防护，能正确使用绝缘测试仪测量绝缘电阻。

相关知识 →

电动汽车动力系统的一个重要特点就是其具有高电压、大电流的动力回路，工作电压可以达到300 V以上，而且电力传输线路的阻抗很小，工作电流可能达到数十甚至上百安培。

高电压和大电流会危及车上乘员的人身安全或维修人员的人身安全，同时还会影响车辆的正常工作。因此，在设计和规划高压电气系统时，不仅应充分满足整车动力驱动要求，还必须确保车辆运行安全、驾乘人员安全、维修人员安全和车辆运行环境安全。

2.4.1 高压互锁

在ISO 6469-3：2001《电动汽车安全技术规范第3部分：人员电气伤害防护》中，规定车上的高压部件应具有高压互锁装置，但并没有详细地定义高压互锁系统。高压互锁，也指危险电压互锁回路（Hazardous Voltage Interlock Loop，HVIL）：通过使用电气小信号来检查整个高压产品、导线、连接器及护盖的电气完整性（连续性），识别到回路异常断开时，及时断开高压电。

1. 高压互锁的组成和工作原理

高压互锁系统主要由互锁信号监测回路、监测器、HVIL控制器和断路器组成，如图2-4-1所示。高压互锁回路的原理是：当高压部件或高压电源上/内部的监测器检测到高压部件/高压电源高压电路处于暴露状态时，触发HVIL断电信号，整车高压源会在数毫秒时间内自动断开，以保障用户的安全。

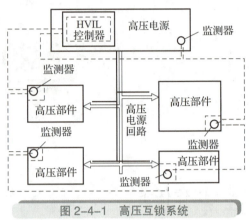

图 2-4-1 高压互锁系统

1）互锁信号监测回路、监测器

互锁信号回路包括两部分：高压电源回路（图2-4-1中黑色实线部分）和监测回路（图2-4-1中黑色虚线部分）。

监测回路通常与高压电源回路并联（一般直接在高压电缆内），并在所有高压连接器端与连接器监测器连接，将所有的连接串接起来组成一个完整的回路，可以利用高压线上的屏蔽线组成信号回路的一部分，以使整个系统变得更简单和可靠。也可以根据系统分为多个高压监测回路，各个高压部件控制器负责监测各自的HVIL信号；只有当全部的控制器收到HVIL接通信号时，才允许接通高压源。

高压互锁信号监测回路如图2-4-2所示，有两种形式：直接在高压电缆内式单独作为一条线束。但是都要满足一个要求：当断开高压回路时，互锁监测回路也要断开（先断开）；当连接高压回路时，高压回路先连接，若先连接互锁监测回路则高压回路不能连接或不方便连接，如图2-4-2（b）所示。

互锁回路与高压回路做成一体的插接件原理如图2-4-3所示。当高压插接件处于连接到位时，高压正、负极和低压互锁端都处于连接状态。当拔、插高压插头或其他原因导致高压插头松脱时，高压端子的针脚要长于低压端子的针脚，因此总是低压互锁端先断开，从而控制高压系统断电，这样就保证在拔下高压插头或者连接高压端子之前高压端子处于无高压电状态，从而保证系统的安全性。

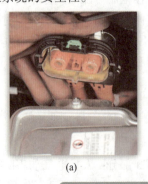
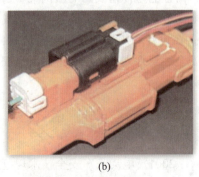

(a) (b)

图 2-4-2 高压互锁信号监测回路

(a) 与高压回路做成一体；(b) 单独成一条线束但高压回路并联

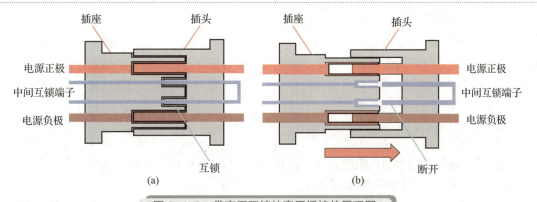

图 2-4-3 带高压互锁的高压插接件原理图

（a）高压插头（互锁连接状态）；（b）高压插头（互锁断开状态）

监测器通常是可断开的插头，如图 2-4-3 所示；也可以是开关类的，如图 2-4-4 所示的某些高压部件（电机控制、高压控制盒）的开盖开关。

图 2-4-4 高压部件上的盒盖开关

2）断路器

断路器（也称正极、负极接触器）为互锁系统切断高压源的执行部件，形式类似于继电器，如图 2-4-5 所示。

在高压互锁系统识别到危险情况时，能否正确断开高压源是非常关键的，所以断路器对高压互锁的作用影响相当大，其如何设置需参照以下原则：

图 2-4-5 断路器

（1）断路器需要尽可能地接近电池包（高压源），以减少在断电时能继续蓄能的电路。

（2）断路器的初始状态应该是常开的状态，需要控制器给予安全信号方能闭合，以避免高压线路误接通。

（3）复位断路器应要求操作者施加额外的信号，需其确认已消除高压危险的情况方能复位。

（4）断路器应具有自诊断的能力，将其内部的故障检测出来并予以显示，如果不能正常工作，则整车需要特殊处理（停车或报警）。

（5）断路器即使是在出现供电电压过低的情况下也应能操作。

（6）断路器需要提供一个输出信号，提前通知其他用电负载，使之能在断电之前有提前响应的时间。

（7）行驶过程中等特殊情况不能强行断开。

3）HVIL 控制器

HVIL 控制通常集成在 BMS 或 VCU 中，断开安全盖板或高电压安全插头，导致互锁回路断开；或者发现接收到的信号与所发出的高电压互锁信号存在较大偏差（信号电平、对地或对正极短路）时能控制断路器断开或保持断开状态，特殊情况下可能会先进行限功率处理。

2. 高压互锁系统的安全策略

高压互锁系统在识别到危险时，整个控制器应根据危险时的行车状态及故障危险程度运用合理的安全策略，这些策略包括以下几点：

（1）故障报警。无论电动汽车在何种状态，高压互锁系统在识别到危险时，车辆应该对危险情况做出报警提示，需要仪表或指示器以声或光报警的形式提醒驾驶员，让驾驶员注意车辆的异常情况，以便及时处理，避免发生安全事故。

（2）切断高压源。当电动汽车在停止状态时，高压互锁系统在识别严重危险情况时，除了进行故障报警，还应通知系统控制器断开自动断路器，使高压源被彻底切断，避免可能发生的高压危险，确保财产和人身安全。

（3）降功率运行。电动汽车在高速行车过程中，高压互锁系统在识别到危险情况时，不能马上切断高压源，应首先通过报警提示驾驶员，然后让控制系统降低电机的运行功率，使车辆速度降下来，以使整车高压系统在负荷较小的情况下运行，尽量降低发生高压危险的可能性，同时也允许驾驶员能够将车辆停到安全地方。

2.4.2 高电压自放电电路

高电压自放电电路也称为高压泄放电路。由于电动汽车下电后，高压电路中的容性负载存有大量的电荷，如果电荷没有得到有效的排放，将对开关管等元器件造成损耗；同时对维修人员存在一定的危险。因此，要利用泄放电路将这部分电能消耗掉。

因此，高电压系统每次断电时都要让高电压电路放电。高压泄放电路的基本形态是在电容器两端并联一个放电电阻，当电路断电后电容器与放电电阻形成回路，将电容器储存的电量迅速消耗掉。

放电电阻始终与电容器并联。断开动力电池内的接触器后，放电电流立即从电容器通过放电电阻流走。但是，这也使得在高电压系统工作时（动力电池内接触器接合）电流也会通过放电电阻流走，造成功率损失。为了使放电电阻产生的功率损失保持在较低程度，放电电阻的设计阻值相对较高。这会使断电后泄放时间变长，因此通常在进行电动汽车高压系统维修时，断电后要求等待几分钟。

2.4.3 漏电保护及电位均衡

对于高电压系统中的高压组件，由于内部破损或者潮湿，有可能会传递给外壳一个电势。

如果有两个这样外壳同时具有不同电势的组件，在两个外壳之间会形成具有危险性的电压，如果手触及这两个组件，有发生触电的危险。发生高电压组件接地故障时的危险如图2-4-6所示。

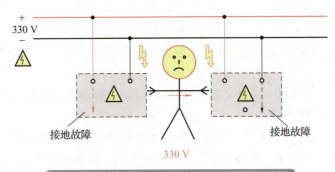

图2-4-6　发生高电压组件接地故障时的危险

因此，所有的高电压系统组件都通过一根电压平衡线一起连到车辆的接地端。即使手触及两个有接地故障组件，也不会发生触电的危险。各个高电压组件的电势平衡如图2-4-7所示。

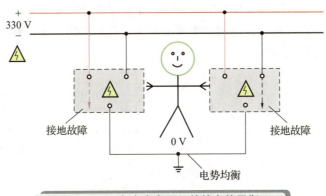

图2-4-7　各个高电压组件的电势平衡

电压平衡线的截面积必须足够粗且尽量短，以允许可能的最大故障电流通过它放电。电压平衡线和每个高电压元件相连接。搭铁连接处要与高电压组件紧密连接，搭铁的阻抗值小于 $0.2\ \Omega$。若高电压组件上有防锈漆等，需要刮掉连接，必须保证电压平衡线清洁并不被氧化。

2.4.4　绝缘电阻检测

与传统内燃机汽车相比，电动汽车采用电驱动系统，内部有高压存在，而高压存在就会涉及整体的绝缘考核，特别是随着汽车使用年限增加，系统运行如振动、温湿度等环境变化的情况下，都有可能导致其整体绝缘性能的下降。这样的变化将会危及使用者安全，同时影响汽车的运行，因此，对电动汽车内部电气设备进行绝缘性能考核是非常重要的，确保汽车绝缘性能，保障使用安全及可靠运行也是具有重要意义的。电动汽车通常用绝缘电阻检测的形式进行高压内部电气绝缘性考核。

绝缘性能作为EV/HEV电气安全设计的其中一项要求，在GB/T 18384—2015《电动汽车安全要求》中对B级电压（>DC60V或>AC30V）系统绝缘电阻进行了说明，在2018年1月

《电动汽车安全要求》强制标准征求稿中对绝缘警示作了进一步说明,参照 GB 7258—2017《机动车运行安全技术条件》相关条例措施,强制要求具有绝缘电阻监测,在整车绝缘电阻低于规定要求时,应通过一个明显的信号(如声或光信号)装置提醒驾驶人。

另外,GB/T 32960.3—2016《电动汽车远程服务与管理系统技术规范 第3部分:通信协议及数据格式》要求上报整车的绝缘电阻值数据到远程监测平台,以便监控管理及救援。

国标对 REESS(车载可充电储能系统)的绝缘阻值的要求是:

(1)若在整个寿命周期内没有交流电路,或交流电路有附加防护,其绝缘电阻 R 除以最大工作电压应不小于 100 Ω/V。

(2)若包括交流电路且没有附加防护,则其绝缘阻值应不小于 500 Ω/V。

(3)若 REESS(车载可充电储能系统)集成在了一个完整的电路里,可能需要一个更高的绝缘阻值。

目前,绝缘监测方法主要包括电流传感法、对称电压测量法、桥式电阻法、低频信号注入法等。

其中低频信号注入法应用最为广泛,其原理如图 2-4-8 所示。采用低频信号注入法进行测试时,系统内部(低频信号发生器)产生一个正负对称的方波信号,通过绝缘阻抗监测仪连接端子与直流高压系统和底盘之间的绝缘电阻构成测量回路,通过对采样电阻上分压的采集,计算得出绝缘电阻的大小。

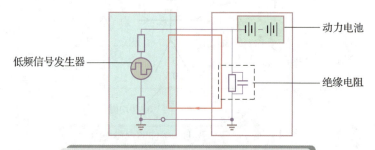

图 2-4-8 低频信号注入法测绝缘电阻原理

2.4.5 短路熔断保护电路

车载高压电路中,两个正负极导线之间短路(用电设备短路)会产生很高的短路电流,这种高短路电流的后果很严重。在此会产生电弧、造成高压导线或动力电池毁坏甚至发生火灾。

为避免出现这种后果,在新能源汽车的高压回路中采用了短路熔断保护电路,可识别短路的保险丝,过载电流时自动切断高压电路,如图 2-4-9 所示。通常装有保险的回路包括动力电池内部、车载充电机回路、DC/DC 变换器回路、空调压缩机回路和 PTC 加热器回路。

如果高压回路电流超过规定值,则保险熔断丝熔断,断开高压回路,防止过电流对高压系统造成危害。

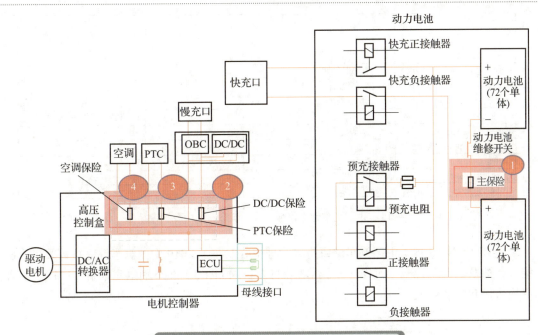

图 2-4-9 短路熔断保护电路

1—电池组串联的中央；2—DC/DC 转换器回路；3—空调加热驱动器回路；4—电动压缩机回路

2.4.6 电磁防护

电动汽车高压回路中有较多的变频器（电机控制器、DC/DC、电动压缩机、PTC 加热器等），会产生电磁辐射。如果不加以防护，则可能对外界（人、其他用电设备）产生电磁干扰。

为了减少电磁干扰，主要的干扰源（如电机控制器、电动压缩机、DC/DC 变换器、车载充电机等）要用金属壳体覆盖，整个高压系统导线也由屏蔽层全部包覆。目前国内车型全部采用屏蔽高压线；日系车也有应用屏蔽网包覆在高压线外侧，插件处处理实现屏蔽连接的。屏蔽型单芯电缆结构如图 2-4-10（b）所示。

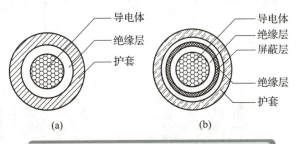

图 2-4-10 非屏蔽、屏蔽型单芯电缆结构

（a）非屏蔽单芯电缆；（b）屏蔽型单芯电缆

电动汽车经过电磁屏蔽后，电磁辐射并不比燃油车高，甚至远比手机和笔记本式计算机等日常设备的电磁辐射要低。2019 年 7 月 18 日，中国汽车工程研究院股份有限公司中国汽车健康指数管理中心在京发布的"中国汽车健康指数（C-AHI）"2019 年第一批车型测评结果中首次发布了车辆电磁辐射（EMR）测评结果，如图 2-4-11 所示。

第一批次抽取的唯一一款纯电动车——北汽新能源 EU5 R500 车型的车辆电磁辐射（EMR）测评结果达到五星水平。

序号	生产企业	品牌	车型	车辆型号	VOC和VOI板块		EMR板块	
					得分	星级	得分	星级
1	安法淮汽车集团股份有限公司	瑞风	S3	2018款智驱1.6CVT豪华型(HFC7161MTV)	88.0	★★★★	100.0	★★★★★
2	上汽通用汽车有限公司	凯迪拉克	XT4	2018款28T四驱铂金版(SGM646BEBX1)	89.5	★★★★	96.4	★★★★★
3	北京汽车股份有限公司	北汽新能源	R500	2018款R500智风版(BJ7000CSD3-BEV)	88.0	★★★★	89.7	★★★★
4	浙江豪情汽车制造有限公司	沃尔沃	XC60	2018款T5智风版(BJ7000CSD3-BEV)	90.5	★★★★	82.8	★★★
5	广汽本田汽车有限公司	本田	凌派	2018款180Turbo CVT领先版(GHA7100GAC5B)	87.5	★★★★	83.1	★★★
6	奇瑞汽车股份有限公司	奇瑞	艾瑞泽	2018款致敬青春版CVT(SQR7155J60T2)	85.5	★★★★	89.0	★★★★
7	斯巴鲁汽车(中国)有限公司	斯巴鲁	森林人	2019款2.0i智掌旗舰版EyeSight(1995CC)	88.0	★★★★	83.8	★★★
8	北京现代汽车有限公司	现代	菲斯塔	2019款240 TGDi GLX DCT运动版(BH7140CAAV)	83.5	★★★	85.4	★★★★
9	上汽大众汽车有限公司	大众	帕萨特	2019款380TSL旗舰版(SVW72023EV)	81.0	★★★	84.1	★★★
10	广汽三菱汽车有限公司	三菱	欧蓝德	2019款2.0L两红色畅享版(GMC6472A)	86.0	★★★★	83.6	★★★

图 2-4-11 中国汽车健康指数 2019 年第一批车型测评结果

2019 年 12 月 19 日，中国汽车健康指数管理中心发布了 2019 中国汽车健康指数第二次测评结果，抽取的两款纯电动汽车（小鹏 G3 和特斯拉 Model 3）在车辆电磁辐射（EMR）测评结果均达到五星水平。

2.4.7 比亚迪 E5 的高压保护

1. 高压互锁

比亚迪 E5 的高压互锁信号回路如图 2-4-12 所示，主要包括高压电控总成低压插件 B28(B)、PTC 水加热总成高/低压插接件、动力电池低压插件 KxK51 和 BMS 低压插件 BK45（B）。

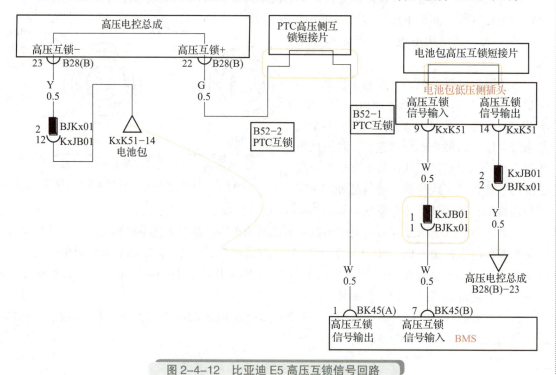

图 2-4-12 比亚迪 E5 高压互锁信号回路

当 BMS（电池管理器）检测到互锁回路信号断开时，控制动力电池正负极接触器断开（或处于断开状态），保证高压回路处于无电状态，从而保证安全性。动力电池正负极接触器位于动力电池包的前方，如图 2-4-13 所示。与此同时发送绝缘故障提示，仪表盘将会做相应显示。

图 2-4-13　动力电池正负极接触器位置

2. 绝缘电阻检测

比亚迪 E5 绝缘电阻检测原理如图 2-4-14 所示，使用漏电传感器检测高压系统的绝缘信息，并进行判断是正常、一般漏电还是严重漏电。如果是一般漏电或严重漏电，则通过一般漏电信号线或严重漏电信号线发送给电池管理系统，电池管理系统根据绝缘信息（一般漏电或严重漏电）进行相应保护措施（报警或立即断开高压系统），见表 2-4-1。

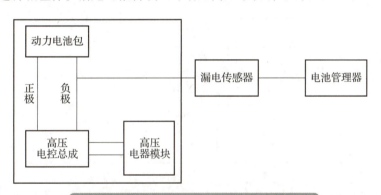

图 2-4-14　比亚迪 E5 绝缘电阻检测原理

表 2-4-1　比亚迪 E5 绝缘电阻值对应的措施

等效绝缘电阻值	漏电状态		措施
$R > 500\Omega$	正常		无
$100\Omega < R \leq 500\Omega$	一般漏电故障		仪表灯亮，报动力系统故障
$R \leq 100\Omega$	严重漏电故障	停车中	仪表灯亮，报动力系统故障；禁止上电
		充电中	断开主接触器、动力电池内部正负极接触器；仪表灯亮，报动力系统故障
		行车中	仪表灯亮，报动力系统故障；断开主接触器、动力电池内部正负极接触器

漏电传感器在高压电控总成内部、安装在 DC/DC 总成的外壳上，其位置如图 2-4-15 所示。采用的检测方法是目前最常用的低频信号注入绝缘电阻检测法。采样线束包括两根线，都接到直流正极上，信号线束对外输出三种信号：一般漏电故障信号、严重漏电故障信号和 CAN 总线信号。

漏电传感器各端子引脚定义见表 2-4-2。漏电传感器检测绝缘电阻，并将漏电信号发送给 BMS，绝缘阻值通过 CAN 总线发送到动力 CAN 上供其他 ECU 使用，绝缘故障信号由仪表显示。

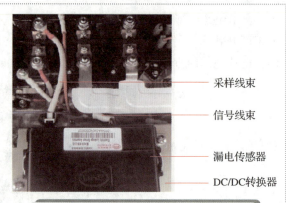

图 2-4-15 比亚迪 E5 漏电传感器位置

表 2-4-2 漏电传感器各端子引脚定义

插接件	端子号	定　义
高压插接件	1	漏电检测（接直流正极）
	2	自检（接直流正极）
低压插接件	3	CAN-L
	4	严重漏电
	5	GND
	6	双路电
	9	CAN-H
	10	一般漏电
	12	GND

3. 高电压自放电电路

比亚迪 E5 高电压自放电电路的原理如图 2-4-16 所示。被动放电电阻始终与电容器并联。断开动力电池正负极接触器后，放电电流立即从电容器通过被动放电电阻流走，其他高电压组件（如 DC/DC 转换器和电动空调压缩机）内的电容器也通过该电阻放电。但是，在高电压系统工作时电流也会通过被动放电电阻流走；为了使此时产生的功率损失保持在较低程度，被动放电电阻的设计阻值相对较高，控制自放

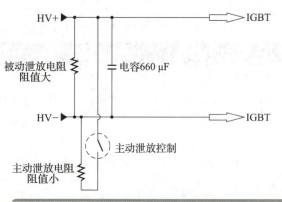

图 2-4-16 比亚迪 E5 高电压自放电电路的原理

电功率在 5 W 以内。因此，被动放电时电压降到安全电压（60 V 以内）的时间可能为几分钟。

除了被动放电电阻，比亚迪 E5 还设有一个主动放电电阻，该电阻位于供电电子装置（VTOG 供电模块，如图 2-4-17 所示）内。主动放电电阻的阻值为几十欧姆，因此放电速度明显加快。这种设计可确保最迟 5 s 后结束高电压电路主动放电。

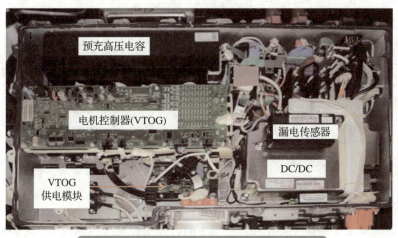

图 2-4-17　VTOG 供电模块

虽然设有主动放电电阻后，5 s 左右就能将高压回路的电压降低到安全电压，但是为了在主动放电系统故障（如主动放电失效）时保证安全，仍然要求下电后等待几分钟再对高压系统进行操作。

4. 其他保护措施

1）接触器烧结检测

比亚迪对快充正 / 负极接触器、主接触和动力电池负极接触器有烧结检测。快充正 / 负极接触器烧结检测是通过直流烧结检测总成来检测的。直流烧结检测总成位于高压电控总成内部，如图 2-4-18 所示。

主接触和动力电池负极接触器的烧结检测是通过上下电控制逻辑来进行的，检测方法是"上电检负、下电检主"。

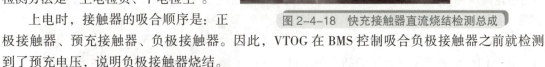

图 2-4-18　快充接触器直流烧结检测总成

上电时，接触器的吸合顺序是：正极接触器、预充接触器、负极接触器。因此，VTOG 在 BMS 控制吸合负极接触器之前就检测到了预充电压，说明负极接触器烧结。

下电时，接触器的断开顺序是：主接触器、负极接触器、正极接触器。如果 BMS 在断开主接触器后还未断开负极接触器时，VTOG 检测到的电压不变或下降速度不大，说明主接触器可能烧结。

2）短路熔断保护电路

比亚迪 E5 在动力电池内部、DC/DC 变换器总成内部、车载充电机总成内部都设置有熔断器，以进行过电流保护。除此之外，还在空调系统和动力电池加热 PTC 系统设有熔断器（保险），它们位于高压电控总成上，如图 2-4-19 所示。

正极接触器和预充接触器不做烧结检测。

图 2-4-19　空调保险和动力电池加热 PTC 保险

3）电位均衡及电磁辐射防护

比亚迪 E5 需要电位均衡（防止外壳带电）的部件主要有高压电控总成、PTC 水加热器总成、电动压缩机、驱动电机、动力电池等。其中电动压缩机、驱动电机、动力电池是通过安装/固定螺栓将壳体接地进行电位均衡的。高压电控总成、PTC 水加热器总成还有专门的接地线来进行电位均衡。高压电控总成左右两侧均用接地线与车身相连来进行电位均衡。

比亚迪 E5 产生电磁辐射的部件主要都集中在高压电控总成中，而高压电控总成的壳体是金属，具有良好的隔绝辐射效果。动力线束用全屏蔽线束来屏蔽电磁辐射。

技能训练

2.4.8　高压互锁回路认知及测试

1. 比亚迪 E5 高压互锁回路认知

比亚迪 E5 高压互锁回路主要包括动力电池包、高压电控总成、电池管理器和 PTC。

动力电池高压插头上的互锁端子如图 2-4-20 所示。互锁端子要比高压端子短，保证断开动力电池高压插头时，先断开互锁；连接动力电池时后连接互锁。拔下动力电池高压插头，测量两个互锁端子之间的电阻约为 0 Ω，即这两个互锁端子在动力电池箱内部短接。

由于 PTC 水加热总成高压的插头位于机舱且易于操作（拔开或连接），为了防止非专业人员误拔而导致危险，在 PTC 水加热总成高压插接件上设置互锁开关，如图 2-4-21 所示，互锁线束在 PTC 水加热总成高压插座上短接。

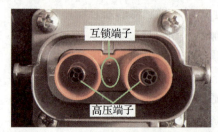

图 2-4-20　动力电池高压插头上的互锁端子

图 2-4-21 PTC 水加热总成高压插接件上的互锁插头

2. 用解码仪读取互锁状态

连接解码仪，进入控制单元，进入模块选择界面，点击动力模块，进入动力模块控制器选择界面；点击电池管理系统，进入功能菜单界面，功能有读版本信息、读故障码、清故障码、读数据流、主动测试和特殊功能选项。点击读故障码可以读取电池管理系统相关故障码，点击读数据流可以读取电池管理系统数据流。点击读数据流，进入数据流选择界面，点击数据流，可以读取与高压互锁相关的数据流：正极接触器状态等各接触器状态、高压互锁状态、高压系统状态等。当高压互锁无故障且系统能正常上电时，数据流状态如图 2-4-22 所示，此时显示"高压互锁1""高压互锁2""高压互锁3"都处于未锁止状态。

名称	值	参考值	单位
☐ 充电接触器状态 ⊙	断开		
☐ 正极接触器状态 ⊙	吸合		
☐ 分压接触器1状态 ⊙	吸合		
☐ 分压接触器2状态 ⊙	吸合		
☐ 高压互锁1 ⊙	未锁止		
☐ 高压互锁2 ⊙	未锁止		
☐ 高压互锁3 ⊙	未锁止		
☐ 高压系统状态 ⊙	正常		

图 2-4-22 高压互锁无故障且高压系统能正常上电时的数据流状态

2.4.9 充电口绝缘电阻测量

进行充电口绝缘电阻测量之前先要保证车辆下电：起动开关置于"OFF"位置，断开蓄电池负极，等待 5 min 左右。

解锁充电口舱门开关，打开充电口舱门、充电口保护盖。

确保车辆充电端口内没有水或外来物，金属端子无锈蚀等问题。

将测试插头（黄色线）插头插入绝缘测试仪V/绝缘口；地线（黑色）插头插入com（公共端），如图2-4-23所示。

做好个人安全防护：检查并佩戴绝缘手套（要求耐压等级大于1 000 V）。

将旋转开关转至所需要的测试电压（测量快充口绝缘电阻时要选择1 000 V，因为快充口及快充线束要接触的电压通常超过动力电池额定电压，因此大于500 V；测量慢充口时要选择250 V，慢充口和慢充线束的电压在220 V左右）。

将公共端探头接车身地，将绝缘测试端子接待测端子（快充口正负极端子或慢充口充电端子），保证有效接触。

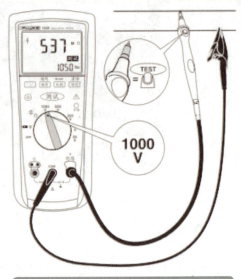

图 2-4-23 绝缘测试仪使用

按住探头位置的"Test"按钮或测试仪上的"测试"按钮，开始测试。主显示器上显示高压符号并显示电阻，等数值稳定时显示的电阻即为绝缘电阻。

继续将探头留在测试点上，释放测试按钮，被测电路通过测试仪放电。

读出的绝缘电阻阻值与选择电压之比应大于500 Ω/V，即选择1 000 V挡时，阻值应大于500 MΩ；选择500 V挡时，阻值应大于250 MΩ；选择250 V挡时，阻值应大于125 MΩ，才能保证系统安全。若读数小于上述值，说明系统存在绝缘故障，应首先排除。

知识小结

1. 高压互锁，也指危险电压互锁回路（Hazardous Voltage Interlock Loop，HVIL）：通过使用电气小信号，来检查整个高压产品、导线、连接器及护盖的电气完整性（连续性），识别回路异常断开时，及时断开高压电。

2. 高压互锁系统主要由互锁信号监测回路、监测器、HVIL控制器和断路器组成。高压互锁回路的原理是：当高压部件或高压电源上/内部的监测器检测到高压部件/高压电源高压电路处于暴露状态时，触发HVIL断电信号，整车高压源会在数毫秒时间内自动断开，以保障用户的安全。

3. 国标对REESS（车载可充电储能系统）的绝缘阻值的要求是：若在整个寿命周期内没有交流电路，或交流电路有附加防护，其绝缘电阻R除以它的最大工作电压应不小于100 Ω；若包括交流电路且没有附加防护，则其绝缘阻值应不小于500 Ω；若REESS（车载可充电储能系统）集成在了一个完整的电路里，可能需要一个更高的绝缘阻值。

云服务与远程监控系统测试

工作任务

客户在比亚迪新能源4S店看车，询问什么是比亚迪云服务，比亚迪云服务能干什么，怎么安装比亚迪云服务。请问你会向客户讲解比亚迪云服务的功能吗？

任务分析

学生需要掌握车联网系统等相关理论知识，完成相关任务。通过任务，学生能向客户介绍比亚迪云服务的功能，能向客户讲解如何安装云服务，能正确使用云服务查看车辆信息，能正确使用云服务进行车辆远程控制。

相关知识

2.5.1 车联网系统

车联网系统是指通过在车辆仪表台或其他位置安装的车载终端设备，实现对车辆所有工作情况和静、动态信息的采集、存储并发送。

1. 车联网系统的组成

车联网系统（见图2-5-1）分为三大部分：车载终端、云计算处理平台、数据分析平台，根据不同行业对车辆的不同的功能需求实现对车辆有效监控管理。

（1）车载终端采集车辆实时运行数据，实现对车辆所有工作信息和静、动态信息的采集、存储并发送。车载终端由传感器、数据采集器、无线发送模块组成，车辆实时运行工况包括驾驶员的操作行为、动力系统工作参数数据等。

（2）云计算处理平台处理海量车辆信息，对数据进行"过滤清洗"。
（3）数据分析平台则负责对数据进行报表式处理，供管理人员查看。

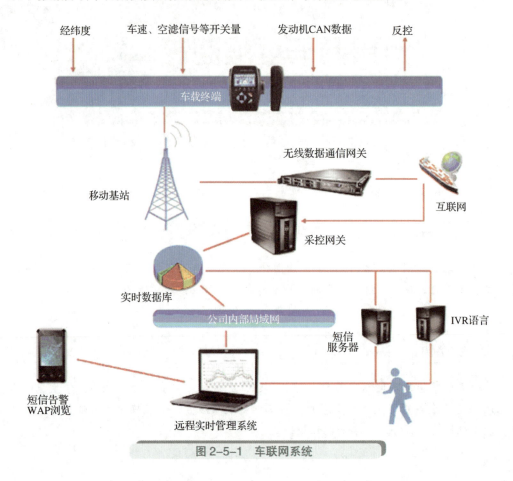

图 2-5-1　车联网系统

2. 车联网的功能

车联网实现车与云平台、车与车、车与路、车与人、车内等全方位网络连接，主要实现了"三网融合"，即将车内网、车际网和车载移动互联网进行融合。车联网利用传感技术感知车辆的状态信息，并借助无线通信网络与现代智能信息处理技术实现交通的智能化管理，以及交通信息服务的智能决策和车辆的智能化控制。

（1）车与云平台间的通信是指车辆通过卫星无线通信或移动蜂窝等无线通信技术实现与车联网服务平台的信息传输，接受平台下达的控制指令，实时共享车辆数据。

（2）车与车间的通信是指车辆与车辆之间实现信息交流与信息共享，包括车辆位置、行驶速度等车辆状态信息，可用于判断道路车流状况。

（3）车与路间的通信是指借助地面道路固定通信设施实现车辆与道路间的信息交流，用于监测道路路面状况，引导车辆选择最佳行驶路径。

（4）车与人间的通信是指用户可以通过 Wi-Fi、蓝牙、蜂窝等无线通信手段与车辆进行信息沟通，使用户能通过对应的移动终端设备监测并控制车辆。

（5）车内设备间的通信是指车辆内部各设备间的信息数据传输，用于对设备状态的实时检测与运行控制，建立数字化的车内控制系统。

3. 车联网系统的意义

1）车辆的全生命周期管理

通过对车辆的工况的数据采集和实时传输，生产厂家可以对自己的产品进行全生命周期的管理，也就是说一辆车从走出厂门那天开始，所有的运行数据都会发回到生产厂家的"企业参数中心"，非常方便生产厂家生成各种分析报告，为以后的新产品的研发提供决策支持。

2）提高车辆使用寿命

通过远程管理系统，厂家可以采集到用户的使用习惯，除了给用户提供分析报告以外，也可以及时纠正用户的不良使用习惯，以延长车辆的使用寿命。

3）节能减排

该系统会自动监测各重要部件的工况，有异常情况可以及时通知用户及厂家，以避免因动力系统等重要部件异常而引起不必要的高油耗，同时通过用户使用习惯报告，也可以避免不良使用习惯而引起的高油耗。

4）远程管理、诊断及维修

通过远程管理系统，可以进行远程系统升级从而降低维护人员的成本，远程定位设备故障，简易的故障可以通过远程排除。

2.5.2 比亚迪云服务及DiLink智能网联系统

1. 比亚迪云服务

在2011年，比亚迪正式推出了第一款自主研发的车联网产品——比亚迪云服务，可以通过手机、PC等终端和汽车互动，实现远程汽车控制（车门解锁、车门上锁、开空调、预约开起空调）、导航及定位（车辆定位、寻车、实时车况、历史轨迹）、整体体检（胎压、充电系统、动力电池、动力系统、ESP、ABS、SRS、转向系统等）、车主大数据等功能。

Android或者iOS平台可以通过应用商城下载"云服务"软件，打开之后需要注册和登录，值得一提的是这里有两组密码，一组是登录密码，另外一组是操作密码，这两组都可以在购车激活系统的时候设定。

1）注册和激活云服务

用户购买搭载云服务车辆时，需要在购车4S店登记个人信息和车辆信息，注册云服务。

用户首次使用云服务时，需要对云服务进行激活。

激活比亚迪云服务手机应用的方法是：

登录云服务用户网（网址是：http://i.byd.com.cn）下载并安装比亚迪云服务手机应用（也

可以在手机应用商店中搜索比亚迪云服务下载安装），如图2-5-2所示。

图2-5-2　比亚迪云服务用户网

输入在4S店注册云服务账号时登记的邮箱、手机或身份证号，点击登录，登录界面如图2-5-3（a）所示。

首次登录需要同意比亚迪云服务用户协议，输入密码函中的密码，点击同意。云服务账号激活成功后可以使用比亚迪云服务手机应用，图2-5-3（b）所示为比亚迪云服务手机APP主界面。

图2-5-3　比亚迪云服务手机APP登录界面和主界面
（a）登录界面；（b）主界面

2）比亚迪云服务功能

（1）查看实时车况：

点击左下角的车辆图标可进入车况信息页面，用户可查看实时车辆状况，包括油量/电量、油耗/电耗、续航里程、总里程、胎压、车门状态以及更多车况信息，如图2-5-4所示。

（2）车况检测：

车况检测可实时对车身重要模块进行检测，保障车主的安全。模块主要包括发动机、驻车制动系统、电子驻车系统、ABS（防抱死系统）、SRS（安全气囊）、电子车身稳定系统ESP、仪表系统、水位、机油压力、充电系统、动力系统、动力电池等（纯电动汽车与混动汽车模块有所不同），如图2-5-5所示。

远程控制功能主要包括远程车门解锁、远程车门上锁、远程开启空调、远程关闭空调、预约开空调。进行此类操作时要输入操作密码，如图2-5-6所示。操作密码是所有操作的凭证，用户要牢记密码并妥善保管，如果忘记密码需要找经销商凭购车发票等进行重置密码。

图2-5-4　车况信息

图2-5-5　车况检测

图2-5-6　输入操作密码

（3）车门解锁与上锁：

点击云服务系统主页面上的"车门解锁"或"车门上锁"可实现远程解锁与上锁。车门解锁成功后，车辆实现"无钥匙授权"，此时用户可以直接进入车门，实现无钥匙驾驶，且有一次无钥匙闭锁功能（即可用微动开关闭锁）。

远程解锁车门后，如果进行远程开空调功能，则本次"无钥匙授权"失效。

注意：为保障财产安全，需确保操作者本人在车辆周围时再解锁车门。

（4）开启空调与预约开空调：

用户可以远程开启空调，开启时要先设定温度，如图2-5-7所示。

预约空调一共可以创建7条预约，包括在预设的时间点空调自动打开，实现车内温度控制；车内温度到预设值后，空调会自动关闭等。

（5）位置服务：

用户可以使用云服务进行远程位置服务，包括位置服务（车辆定位、人车距离、历史轨迹）和寻车。用户可以通

图 2-5-7　设定空调温度及开起提示

过位置服务查看车辆当前位置（车辆在线时显示实时位置、车辆不在线时显示车辆最后一次上传到服务器的位置）、人车距离和历史轨迹，如图2-5-8所示。进行寻车时，车辆闪灯、鸣笛，可以帮助用户迅速找到车辆。

（6）寻找充电桩：

用户对城市充电点比较陌生时，可以用寻找充电桩功能进行辅助，如图2-5-9所示。

图 2-5-8　位置服务

图 2-5-9　寻找充电桩

2. 比亚迪 DiLink 智能网联系统

DiLink 智能网联系统是比亚迪基于智能硬件、车内网、云端通信、信息融合、AI、大数据等技术自主研发的"技术+内容"的服务生态体系。DiLink 智能网联系统包含 Di 平台、Di 云、Di 生态和 Di 开放四大能力平台，旨在全面连接人－车－生活－社会，为消费者提供智能出行体验。

1) Di 平台

比亚迪推出的智能自动旋转 Pad，可根据软件的应用场景和交互方式提前预判，进行智能自动旋转，这就是 DiLink 智能网联系统中最重要的部分之一，如图 2-5-10 所示。例如在使用导航 APP 进行导航、使用视频 APP 观看视频等不同场景中，智能自动旋转 Pad 即可自动旋转成横屏或竖屏状态，实现智能应用适应的显示效果。同时，大屏还支持分屏功能，可充分利用屏幕宽度"左侧导航、右侧微信"。

图 2-5-10　智能自动旋转 Pad

2) Di 云

比亚迪云服务 Di 云是基于移动互联网、车联网、大数据和 AI 所打造，通过云平台，为用户提供全面的网联应用。用户通过手机上安装比亚迪云服务 APP，即可实现远程控制、车况监测、位置查看和数据应用等诸多功能。

3) Di 生态

由比亚迪 DiLink 智能网联系统所打造出的超级汽车生态、手机生态和智能家居生态将共同构筑 Di 生态。其中 Di 生态中还集成了"DiCall 救援及客户秘书"和"DiBand 智能手环钥匙"等功能。

4) Di 开放

比亚迪 DiLink 智能网联系统开放汽车几乎所有的传感器（总计 341 个）和 66 项控制权。

2.5.3　车载终端

1. 车载终端的作用

车载终端能够与整车控制系统通过 CAN 总线进行通信，服从 ECU 的控制命令，获取整车的相关信息。其主要功能有：

（1）定位功能：车载终端能够用 GPS 对车辆进行定位。

（2）黑匣子功能：车载终端将在本地保存车辆最近运行一段时间的数据，作为"黑匣子"提供车辆故障或事故发生前的数据信息。存储的数据可由分析处理软件读取和分析。

（3）数据传输功能：车载终端能够将信息按照规定的时间和数据量，以无线通信（GPRS）的方式发送到监控平台。因此，即便是车载终端用 SD 卡本身因为某些原因损坏而无法读取数据，也可以在监控平台上找到这些数据。

（4）盲区补传：车载终端支持在通信网络不畅情况下，自动将数据保存至采集终端 Flash 存储区内，待网络正常后，自动/人工将数据上传至服务平台。

（5）自检功能：当检测到 GPS 模块故障、主电源故障等会主动上报警情到监控中心，辅助设备进行检修。

（6）远程升级：支持远程自动升级功能，自动接收来自服务平台的升级指令完成软件升级，大大节省了维护成本。必要情况下，借助车载终端可对车辆通过 CAN 协议进行软件升级。

（7）远程控制：车载终端用于和后台系统/手机 APP 通信，实现手机 APP 的车辆信息显示与控制。当用户通过手机端 APP 发送控制命令后，TSP 后台会发出监控请求指令到车载数据采集终端，车辆在获取到控制命令后，通过 CAN 总线发送控制报文并实现对车辆的控制，最后反馈操作结果到用户的手机 APP 上，这个功能可以帮助用户远程起动车辆、打开空调等。

2. 比亚迪 E5 的车载终端

车载终端的主要作用是数据通信，采集整车 CAN 信息并通过 3G 模块上传服务器，为车主提供车辆轨迹、车辆状态服务等。车载终端通过 CAN 总线、网关与车辆的动力网和舒适网相连，获得总线数据；安装在后备厢侧面，如图 2-5-11 所示。天线通过强力胶粘贴在钣金上，如图 2-5-12 所示。

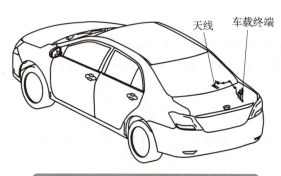

图 2-5-11　车载终端的安装位置

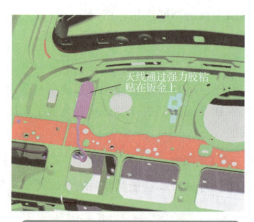

图 2-5-12　天线的安装位置

它包含三个部分内容：数据通信模块（Data Communication Module，DCM）、定位系统模块（Global Positioning System，GPS）和第三代移动通信技术通信模块（3rd-Generation，3G）。

2.5.4 车载终端不能正常工作的故障诊断

1. 故障诊断流程

比亚迪 E5 车载终端电路如图 2-5-13 所示。

1）检查电源

用万用表检查 F2/5 保险，如果异常则更换保险，如果正常则检查车载终端电源线路。检查车载终端电源线路的方法为：拔下车载终端插头（K58），用万用表测试线束端 10 号端子与车身地之间的电压，正常为 11~14 V（检查供电）；用万用表测试线束端 8 号端子与车身地之间的阻值，正常应小于 1Ω。若有异常则更换线束，若正常则检查 CAN 通信系统。

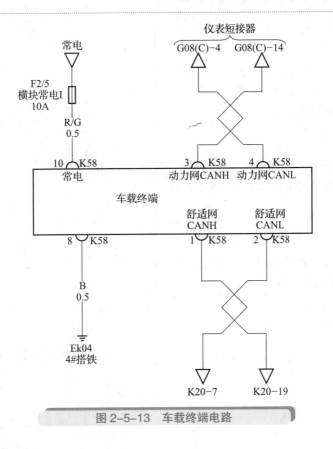

图 2-5-13 车载终端电路

2）检查 CAN 通信

断开蓄电池负极端子后，拔下车载终端插头（K58）；等待一会儿后重新连接蓄电池负极端子。用万用表测试线束端电压，其正常值见表 2-5-1。

表 2-5-1 车载终端线束端电压正常值

名称	检测仪连接	条件	规定状态
舒适网 CAN-H	K58-1- 车身地	始终	约 2.5 V
舒适网 CAN-L	K58-2- 车身地	始终	约 2.5 V
动力网 CAN-H	K58-3- 车身地	始终	约 2.5 V
动力网 CAN-L	K58-4- 车身地	始终	约 2.5 V

如果异常则更换相关线束，如果正常则更换车载终端。

2. 更换车载终端

1）拆行李厢右侧护板

行李厢系统组件的位置如图 2-5-14 所示。行李厢左右护面的拆卸/安装方法相同，下面以行李厢左护面的拆卸为例进行讲解。

（1）取出行李厢盖板、行李厢后围踏板、行李厢工具盒。

（2）用一字螺丝刀轻轻撬起卡扣头部，然后用手将其取出。将图2-5-15中所示5个卡扣拆卸完毕，即可取出护面。

2）拆卸车载终端

（1）断开线束连接器K58；

（2）用10#套筒拆卸固定螺栓，如图2-5-16所示，取下车载终端。

3）安装车载终端并复原

（1）将车载终端对准限位柱、安装孔。

（2）安装固定螺钉。

（3）接上接插件。

（4）安装行李厢右侧护板。

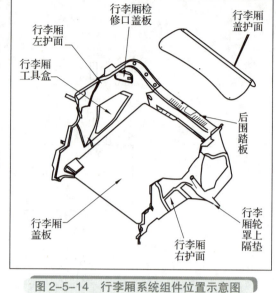

图2-5-14 行李厢系统组件位置示意图

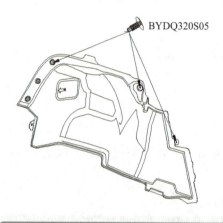

图2-5-15 行李厢左护面卡扣位置示意图

图2-5-16 车载终端安装示意图

知识小结

1. 车联网系统是指通过在车辆仪表台安装车载终端设备，实现对车辆所有工作情况和静、动态信息的采集、存储并发送。车联网系统分为三大部分：车载终端、云计算处理平台、数据分析平台，根据不同行业对车辆的不同的功能需求实现对车辆有效监控管理。

2. 比亚迪云服务的远程车辆状态查询主要包括油量/电量、油耗/电耗、续航里程、总里程、胎压、车门状态以及更多车况信息；远程控制功能主要包括远程车门解锁、远程车门上锁、远程开启空调、远程关闭空调、预约开空调。

学习情境 3
整车控制系统检测与维修

【学习目标】

（1）能通过与客户交流和查阅相关维修技术资料获取车辆信息；

（2）能独立制订工作计划并按计划实施；

（3）能够正确测量各 CAN 总线网络的终端电阻和等效电阻；

（4）能对整车控制器输入电路进行检测和故障诊断；

（5）能对整车控制器输出电路进行检测和故障诊断；

（6）能够正确检测 CAN 总线断路、短路故障；

（7）能正确遵守车间安全作业要求，注重个人安全防护；

（8）能正确检查工作质量并进行自我评估。

通信系统故障诊断与检修

工作任务

一辆比亚迪 E5 在使用解码仪读取故障码时，发现动力系统无法进入，经检查是动力网 CAN-L 对地短路，更换动力网线束后故障消失。请问，如何判断总线是否发生故障？总线出现故障后如何进行排查？

任务分析

学生完成任务需要掌握总线的相关知识。通过任务，学生能够正确测量各 CAN 总线的终端电阻；能够正确测量各 CAN 总线的等效电阻；能够正确测量 CAN 总线 CAN-H 和 CAN-L 的电压值；能够对 CAN 总线发生故障时示波器显示做出正确判断；能够正确检测 CAN 总线断路、短路故障。

相关知识

随着电子技术的迅猛发展及其在汽车上的广泛应用，汽车电子化程度越来越高，使汽车电子系统形成了一个复杂的大系统。传感器、执行器数量众多，它们与各自的控制单元组成汽车的子系统，如发动机电控系统、电控自动变速器、ABS（防抱死刹车系统）、EBD 制动力分配系统、TCS（牵引力控制系统）、空调控制系统、助力转向系统等。纯电动汽车也是如此，动力电池管理、驱动电机控制、充电控制、制动控制、制动能量回馈控制、转向控制、空调控制等，形成了一个相当庞大的控制系统。

这些系统除了各自的电源、传感器和执行器外，还需要互相通信，且信息传输量很大；为此，纯电动汽车各系统之间多采用总线技术进行通信。总线系统将车辆上的各个系统连接起来构成一个网络，称为车载网络。

国际上众多知名汽车公司早在 20 世纪 80 年代就积极致力于汽车网络技术的研究及应用，迄今为止，已有多种网络标准。目前存在的多种汽车网络标准，其侧重的功能有所不同，为方便研究和设计应用，SAE（Society of Automotive Engineers，汽车工程师协会）将汽车数据传输网划分为 A、B、C 三类，如表 3-1-1 所示，D 级以上没有定义。一般地，把传输速率在 1 MB/s 以上的网络定义为 D 级网络。

表 3-1-1 SAE 汽车网络级别

特性	A 级网络	B 级网络	C 级网络
传输速度 /（KB/s）	小于 10	10~125	125~1 000
信息传输延时 /ms	小于 50	小于 20	小于 5
时钟离散度要求 /%	20	2	0.01
传输媒体（总线）	单线	单线	双绞线
信息优先权	有	有	有
容错能力	无	无	有

A 类网络是面向传感器 / 执行器控制的低速网络，主要应用于电动车窗、座椅调节器、灯光照明等控制，其典型应用是 LIN（Local Interconnect Network）总线网络。

B 类网络是面向独立模块间数据共享的中速网络，主要应用于车辆信息的传送，如汽车速度监测、故障诊断、仪表显示等系统。B 类网络在轻型车上应用的是 ISO 11898 标准，其传输速率在 100 KB/s 左右；在卡车和大客车上应用的是 SAE 的 J1939 标准，其传输速率是 250 KB/s。近年来，基于 ISO 11519-2 的容错 CAN 总线标准在欧洲的各种车型中也开始得到广泛使用。ISO 11519-2 的"容错"低速 CAN 总线接口标准在轿车中正在得到普遍的应用，它的物理层比 ISO 11898 要慢一些，同时成本也要高一些，但是它的故障检测能力却非常突出。与此同时，以往广泛适应于美国车型的 J1850 已经逐步被淘汰。

C 类网络是面向高速、实时闭环控制的多路传输网，主要用于车上实时控制系统之间数据的传输，如发动机控制、牵引控制和 ABS 等系统。

3.1.1 CAN 总线技术

CAN 是控制器局域网络（Controller Area Network）的简称，是德国 BOSCH 公司为解决现代汽车中的数据交换而开发的一种串行通信协议。应用于汽车上的 CAN 总线技术，其作用就是将整车中不同的控制器连接起来，实现信息的可靠共享，并减少整车线束数量，是一种能够实现分布式实时控制的串行通信网络。目前，电动汽车常采用的总线是 CAN 总线。

1. CAN 系统的传输介质

CAN 总线是一种多主总线，是一种双线串行数据通信总线，通信介质可以是双绞线、同轴电缆或光导纤维，通信速率最高可达 1 MB/s。

双绞线如图 3-1-1 所示，采用双绞线结构之后，对两根线称为 CAN_High 和 CAN_Low 并设置基准电压，CAN_High 的电压变化是大于基准电压，CAN_Low 电压变化是小于基准电压。CAN 控制器根据 CAN_High 和 CAN_Low 的电位差来判断总线电平。

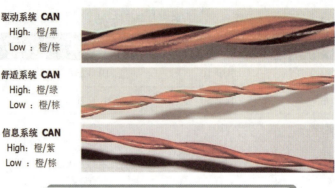

图 3-1-1　用于不同系统的双绞线

2. CAN 总线系统的组成

在动力 CAN 总线系统中，每个连接在 CAN 总线上的节点内部都安装了一个 CAN 控制器、一个 CAN 收发器、两条数据传输线和数据传输终端，如图 3-1-2 所示。

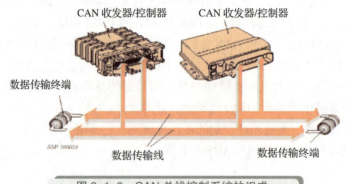

图 3-1-2　CAN 总线控制系统的组成

1）CAN 控制器

CAN 控制器接收来自控制单元微处理器中的数据，处理数据并传送给 CAN 发送器；同时也接收 CAN 接收器的数据，处理数据并传送给微处理器。

2）CAN 收发器

CAN 收发器是一个发送器和一个接收器的组合，它将 CAN 控制器提供的数据转化为电信号并通过数据总线发送出去；同时，它也接收总线上的电信号，并转化为数据传给 CAN 控制器。

3）数据传输终端

数据传输终端是一个电阻器，称为终端电阻，其作用是避免数据传输终了的反射，产生反射波使数据遭到破坏。ISO 11898 标准和 ISO 11519-2 标准对终端电阻的定义不同，ISO 11898 标准的 CAN 总线为封闭型，终端电阻为 120 Ω，ISO 11519-2 标准的 CAN 总线为开放型，终端电阻为 2.2 kΩ。

4) CAN 总线

CAN 总线是用以传输数据的双向传输数据线，分为 CAN 高（CAN_High）和 CAN 低（CAN_Low）数据线。数据没有指定接收器，通过数据总线发送给每个控制单元，各控制单元接收后进行计算。

CAN_High 和 CAN_Low 的电压变化基于 ISO 11898 标准和 ISO 11519-2 标准，有两种形式，其双绞线波形信号如图 3-1-3 所示，ISO 11898 标准时 CAN_High 的电压变化是 2.5~3.5 V，CAN_Low 电压变化是 2.5~1.5 V，电位差为 0 V 或 2 V；ISO 11519-2 标准时 CAN_High 的电压变化是 1.25~4 V，CAN_Low 电压变化是 3.25~1 V，电位差为 –1.5 V 或 3 V。

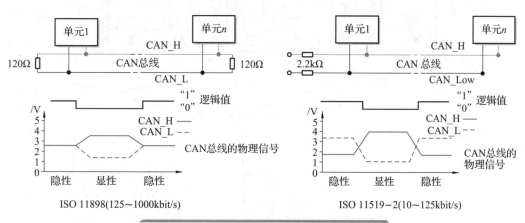

图 3-1-3　双绞线波形信号

3. CAN 的工作原理

1) CAN 的特点

CAN 总线为多主方式工作，总线上的随意一个网络节点都被允许向网络上发送信息，可以是不同的单元或是主从节点，但必须是在网络空闲时刻，在网络繁忙时采用优先级发送方式。CAN 网络上的各个节点信息分成不同的优先级，可以满足不同的要求，高优先级的信息优先传递。CAN 总线采用仲裁域进行仲裁，当出现两个节点同时向总线发送数据时，优先级低的节点会主动退出发送转为接收，优先级高的节点会继续发送数据不受影响，有效避免了总线冲突，提高信息传输效率，如安全方面的信息比舒适方面的信息优先。数据发送过程如图 3-1-4 所示。

CAN 总线信息传输采用广播模式，即一个节点发送，所有连接在总线上的节点都可接收。

2) CAN 的数据传递过程

CAN 总线的数据信息的接收与发送可分为两个部分，一为在监控层检查传输数据的信息是否正确，二为在接收层检查数据信息是否可用，如果信息无传递错误，系统的控制单元会反馈一个信号，然后该信息就会到达接收区，在此区域会决定这个信息是否能用来完成控制单元的控制功能，如果可以则接收数据，如果不行则拒绝该数据。数据接收的流程如图 3-1-5 所示。

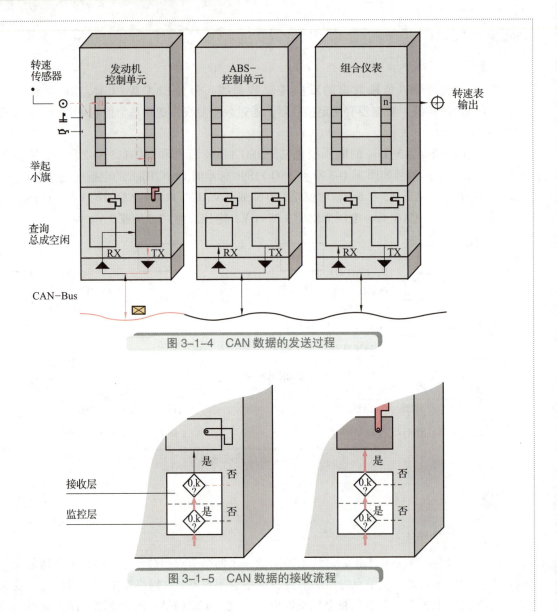

图 3-1-4　CAN 数据的发送过程

图 3-1-5　CAN 数据的接收流程

3) CAN 总线的差分电压与逻辑值

CAN 总线的差分电压如图 3-1-6 所示，双绞线分为 CAN 高位（CAN-H）和低位（CAN-L）数据线，对地电压分别用 V_{CAN-H} 和 V_{CAN-L} 表示，它们之间的差值称为差分电压，即 $V_{diff}=V_{CAN-H}-V_{CAN-L}$。电位差就是总线电平，可分为显性电平和隐性电平两种，总线必须处于两种电平之一，显性电平用逻辑值"0"表示，隐性电平用逻辑值"1"表示。当在总线上出现同时发送显性和隐性时，其结果是总线数值为显性（"0"和"1"叠加的结果为"0"），显性能覆盖隐性，即线"与"机制。

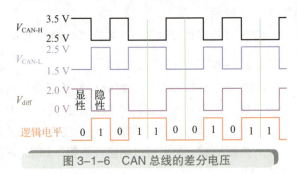

图 3-1-6　CAN 总线的差分电压

4. CAN 总线的数据传输

动力 CAN 总线的数据传递实际是物理电平在数据总线上的传递过程。发送时,控制单元将信息转换为二进制,用电平来模拟二进制数据;在接收时,控制单元将电平转换成二进制,再将二进制数据转为正常数据。

5. CAN 数据帧

数据帧有两种:标准帧、扩展帧。它们都由帧起始、仲裁段、控制段、数据段、CRC 段、ACK 段和帧结束组成,如图 3-1-7 所示,主要区别在于仲裁段和控制段。CAN 以报文为单位进行信息的传输,一帧为 CAN 中的一个报文。

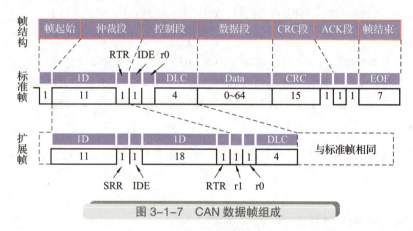

图 3-1-7 CAN 数据帧组成

1) 帧起始

帧起始标志数据帧的起始,由一个显性位组成。只有在总线空闲时才允许发送,所有的单元必须同步于首先开始发送报文单元的帧起始前沿。

2) 仲裁段

标准格式和扩展格式的仲裁段有所不同。在标准格式中,仲裁段由 11 位标识符(ID:Identifier)和 1 位 RTR(远程发送请求:Remote Transmission Request)组成,共 12 位。识别符按照 ID28~ID18 的顺序,需要注意的是 7 个最高位(ID28~ID22)不能全是隐性。

后面是 1 位替代远程请求位(SubstituteRemoteRequest)、1 位 IDE(标识符扩展:Identifier Extension)、18 位标识符、1 位 RTR,共 32 位。前 11 位标识符按照 ID28~ID18 的顺序,后 18 位标识符按照 ID17~ID0 的顺序。

若标识符后面 RTR 位是显性,则说明是数据帧;若标识符后面 RTR 位是显性,则说明是远程帧。

1 位 IDE(ID Extend)属于标准格式的控制段、扩展格式的仲裁段,标准格式中 IDE 为显性,扩展格式中 IDE 为隐性。若 IDE 位为隐性,则在用 1 个隐性位 SRR 代替原来的 RTR 位并将 RTR 位放置扩展标识符后面(目的是保证格式不变)。

3) 控制段

控制段由 6 位组成,标准格式中控制段包括 1 位 IDE(显性位)、1 位保留位 r0 和 4 位 DLC(数据长度代码:Data Length Code);扩展格式中包括 2 位保留位 r1、r0 和 4 位 DLC,两种格式中保留位必须为显性。

数据长度代码表明了数据段里的字节数量，4位数据长度代码允许使用0000~1000（即0~8）表示数据段长度为0~8字节。

由于扩展帧中IDE位被两段标识符包围而被划入仲裁段，为保证格式不变，用1位保留位r1代替原来的IDE位。

4）数据段

数据段由数据帧中的发送数据组成，可以是0、1、2…8个字节，每字节包含8个位，即数据段的长度是0、8、16…64位。发送数据段时，首先发送最高有效位MSB（Most Significant Bit）。

5）CRC段

CRC段包括15位CRC序列（CRC Sequence）和1位CRC界定符（隐性位）。CAN总线使用CRC校验进行数据检错，CRC校验值存放于CRC序列。

6）应答段

应答段长度为2个位，包含1位应答槽（ACK Slot）和1位界定符（隐性位）。在ACK段里，发送站发送2个隐性位。当接收器正确接收到有效报文，接收器就会在应答槽期间向总线上发送一个显性位"0"以示应答，这个显性位覆盖发送站发送的隐性位"1"，即总线上为显性"0"。

7）帧结束

帧结束是连续的7个隐性位。每个数据帧（标准格式和扩展格式）的结束均由这一标志序列界定。

3.1.2 车载网络功能

1）多路传输功能

为了减少车辆电气线束的数量，多路传输通信系统可使部分数字信号通过共用传输线路进行传输。系统工作时，由各个开关发送的输入信号通过中央处理器（CPU）转换成数字信号，该数字信号以串行信号方式从传感器传输给接收装置，发送的信号在接收装置处将被转换为开关信号，再由开关信号对有关元件进行控制。

2）"唤醒"和"休眠"功能

"唤醒"和"休眠"功能用于减少在关闭点火开关时蓄电池的额外能量消耗。当系统处于"休眠"状态时，多路传输通信系统将停止诸如信号传输和CPU控制等功能，以节约蓄电池的电能；系统有人为操作时，处于"休眠"状态的有关控制装置立即开始工作，同时还将"唤醒"信号通过传输线路发送给其他控制装置。

3）失效保护功能

失效保护功能包括硬件失效保护功能和软件失效保护功能。当系统的CPU发生故障时，硬件失效保护功能使其以固定的信号进行输出，以确保车辆能继续行驶；当系统某控制装置发生故障时，软件失效保护功能将不受来自有故障的控制装置的信号影响，以保证系统能继续工作。

4）故障自诊断功能

故障自诊断功能包括多路传输通信系统的自诊断模式和各系统输入线路的故障自诊断模

式,既能对自身的故障进行自诊断,又能对其他系统进行故障诊断。

3.1.3 比亚迪 E5 整车网络拓扑结构

比亚迪汽车上的车载网络主要由网关控制器和所连接的四个 CAN 总线子系统(起动网、舒适网、动力网和 ESC 网)所组成,其车载网络按信息传输速度可分为以下三种。

1)高速传输网

比亚迪 E5 轿车的 ESC 网采用 C 类总线协议,主要应用在一些要求高速、实时闭环控制的多路传输,主要用于发动机 ABS/ESP、EPB 等控制。网络协议种类主要有 ISO 11898-1、TTP/C、FlexRay 等。

ESC 网:汽车电子稳定控制系统网络,数据传输速度为 500 KB/s,是比亚迪汽车新型的主动安全系统的信息传递网络,它由 4 个模块组成,ABS/ESP——防抱死/车身稳定模块、REPS——Rack EPS 齿条式电动助力转向模块(电机直接将助力加在齿条上)、EPB——Electrical Park Brake 电子驻车制动模块和诊断口及转角传感器组成,如图 3-1-8 所示。汽车 ECU 通过网关接收转换后的 ESC 网四个模块传来的信息,由数据库内的控制逻辑来调节控制各模块执行器,当 ESC 主路上出现短路时,整个 ESC 网瘫痪,系统无法感知 4 个模块的工作信息。

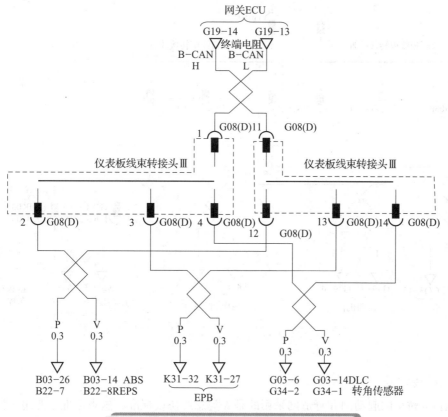

图 3-1-8 比亚迪 E5 的 ESC 网

2）中速传输网

比亚迪 E5 轿车的动力网采用的是 B 类总线协议标准，这类标准主要面向独立电控单元之间数据共享的中速网络。主要应用在一些要求实时性适中的系统中，如车辆电子信息中心、故障诊断口、组合仪表等，用来减少冗余的传感器和电子部件。

动力网：动力系统网络，数据传输速度为 250 KB/s，负责对比亚迪 E5 汽车的网关 ECU、挡位控制器、组合仪表、诊断口 DLC、主控制器（主控 ECU）、车载终端、电池包水加热器、BMS、动力配电箱（包括 DC/DC、车载充电机、泄放模块、绝缘检测模块等）、VTOG 等之间的信息传递，如图 3-1-9 所示。E5 的动力由各传感器将信息传给 ECU，ECU 按照控制逻辑控制各执行器执行电压、动力的相关控制，由组合仪表 ECU 将部分信息可视化显示在中控台或仪表台上。

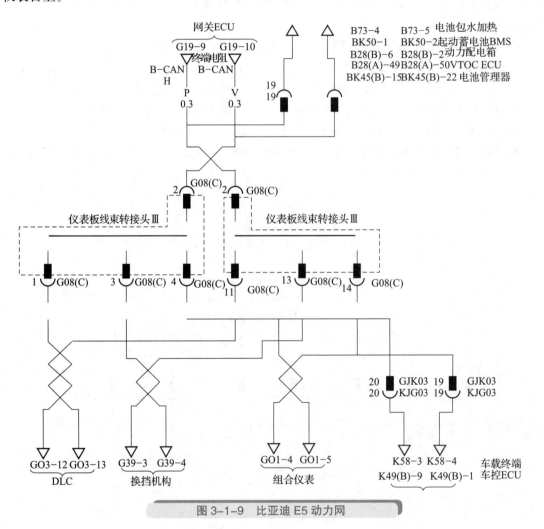

图 3-1-9　比亚迪 E5 动力网

3）低速传输网

比亚迪 E5 轿车的起动网和舒适网采用的是 A 类总线协议标准，这类标准主要用于传感器、执行器控制的低速网络，主要应用在一些对实时性要求不高的系统中。为了节省成本，E5 轿车 A 类总线协议标准应用于信息、多媒体、空调系统和早期的故障诊断口,而在其他车型中汽车的多媒体系统采用的是实时性更高的 D 类总线协议标准。

(1)起动网:用于 E5 汽车的起动控制与信息采集,传输速率为 125 KB/s,由电子控制线(Electrical Control Line,ECL)、转向轴锁和智能钥匙系统(Keyless ECU)组成,如图 3-1-10 所示。当车主携带钥匙进入驾驶室时由起动网检测到信号,可无钥匙起动整车。

(2)舒适网:舒适系统网络,常应用于整车上的多媒体系统,传输速度为 125 KB/s,由组合开关、诊断口(DLC)、空调(空调 ECU、空调面板)、CD、多功能显示屏、网关、车载终端、车窗玻璃升降开关、SRS 和引擎声模拟器等组成,如图 3-1-11 所示。通过舒适网,用户可由多功能显示屏来控制播放多媒体文件,空调面板控制空调,诊断口负责对舒适网故障的检查与诊断。

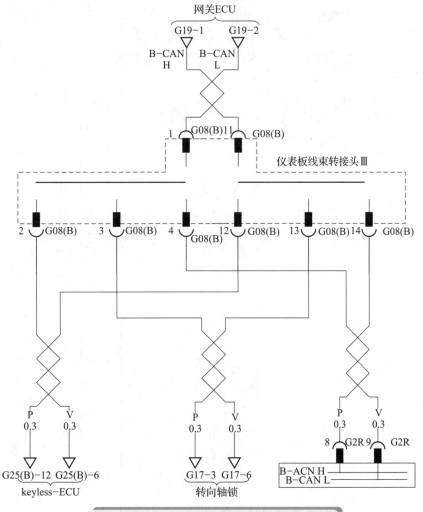

图 3-1-10 比亚迪 E5 的起动网

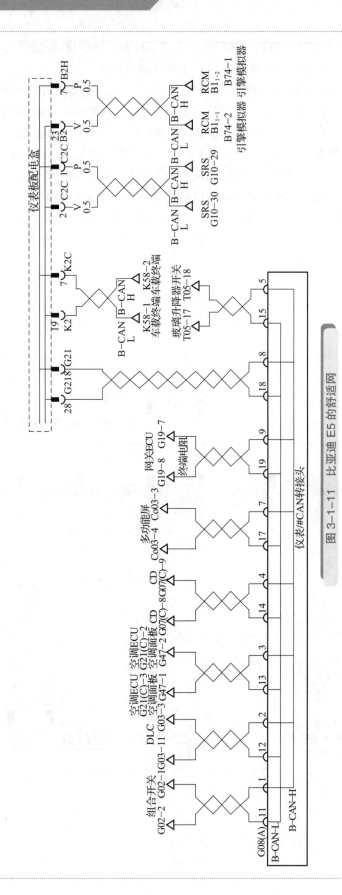

图 3-1-11 比亚迪 E5 的舒适网

在这 4 个子网络与网关控制器连接处的网关控制器内部有 4 个终端电阻，在 4 个子网络内部也有 4 个终端电阻。起动网的终端电阻在 I-KEY 控制器内部，舒适网的终端电阻在 RCM 控制器内部，动力网的终端电阻在电池管理器内部，ESC 网的终端电阻在 ABS/ESP 总成控制器内部，终端电阻一般为 120 Ω。

3.1.4 CAN 总线典型故障判断

目前大多数电动汽车采用的是传输速率大于 125 KB/s 的 CAN 网络，采用 ISO 11898 标准的高速网络。在 CAN 总线系统检测中示波器有着十分重要的作用，可以让我们看到总线上传输信号，让我们可以分析系统中运行数据是否正常以及网络中哪部分出现了问题。

以下将对 CAN 总线的波形进行分析。

1) CAN-L 断路

当 CAN-L 线断路时，节点无法工作，通常表现为 ×× 节点失去通信或者在解码仪中找不到此节点。

CAN-L 线断路时的波形如图 3-1-12 示，表现为只有 CAN-H 的波形，CAN-L 为一条直线（电压一直为基准电压）。

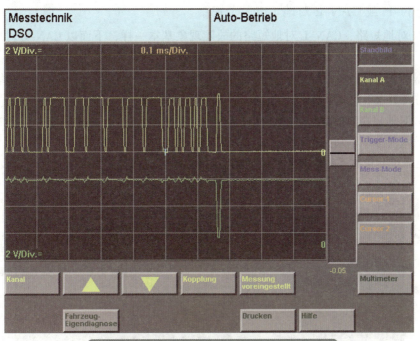

图 3-1-12 CAN-L 线断路时的波形

2) CAN-H 断路

当 CAN-H 线断路时，节点无法工作，通常表现为 ×× 节点失去通信或者在解码仪中找不到此节点。

CAN-H 线断路时的波形如图 3-1-13 所示,表现为只有 CAN-L 的波形,CAN-H 为一条直线(电压一直为基准电压)。

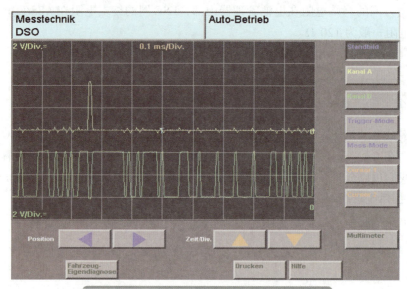

图 3-1-13　CAN-H 断路时的波形

3)CAN-H 或 CAN-L 对地(电源)短路

CAN-H 对地短路、CAN-L 对地短路的故障现象基本一样,下面以 CAN-L 对地短路为例进行说明。

当 CAN-L 线对搭铁(地)短接时,整个系统无法工作,通常表现为××系统失去通信或者在解码仪中找不到此系统。

CAN-L 对地短路时的波形如图 3-1-14 所示,表现为只有 CAN-H 的波形,CAN-L 为一条直线(电压一直为 0)。可以通过插拔高速 CAN 总线上的控制单元来判断是否由此单元引起的短路。当故障单元被拔下后,波形恢复正常,说明就是此单元故障。

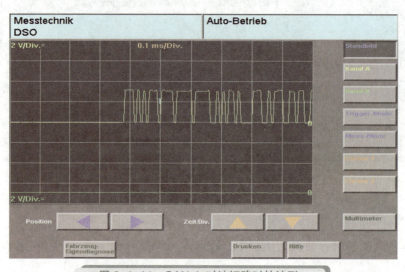

图 3-1-14　CAN-L 对地短路时的波形

若是 CAN-H 或 CAN-L 对电源短路,则 CAN-H 或 CAN-L 一直为高电平(12 V),系统无法工作。

4) CAN-H 与 CAN-L 之间短接

若两条数据线短接,此时整个 CAN 总线网络失效,CAN 总线的波形如图 3-1-15 所示,CAN-H 与 CAN-L 的波形相同,差分电压一直为 0,整个 CAN 网络瘫痪。

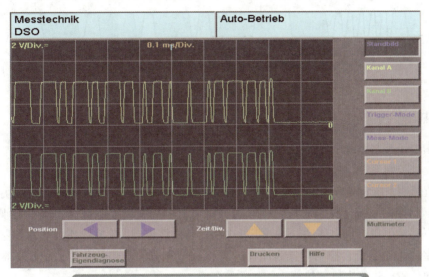

图 3-1-15　CAN-H 与 CAN-L 之间短路时的波形

可以通过插/拔高速 CAN 总线上的控制单元来判断是由于控制单元引起的短接,还是由于 CAN-H 线与 CAN-L 线之间短接。在拔/插控制单元的过程中,注意观察示波器的波形,若控制单元被拔下后,波形恢复正常,则故障发生在控制单元内部。

3.1.5　LIN 总线技术

1. LIN 总线技术

LIN(Local Interconnect Network)是一种用于汽车中分布式电子系统的新型低成本串行通信网络,主要用于汽车中的分布式电子控制系统。LIN 总线采用单主机/多从机的总线拓扑结构(没有总线仲裁),仅使用一根 12 V 信号总线。主节点包含主任务和从任务,从节点只包含从任务。它不需要专门的片上通信模块,采用标准串行通信接口 UART,速率可达 20 KB/s,总线长度不大于 40 m。LIN 总线作为一种辅助的总线网络,在不需要 CAN 总线的优越性能的场合,相比于 CAN 总线具有更高的性价比。

LIN 规范包括三个主要部分:LIN 协议规范部分(说明 LIN 的物理层和数据链路层)、LIN 配置语言部分(说明 LIN 配置文件的格式)和 LIN API(网络与应用程序间的接口)部分。LIN 协议的通信机制和帧结构如图 3-1-16 所示,LIN 网络中的每个节点都有一个从任务模块,主节点还包含一个主任务模块。报文头由主任务发出,包括同步间隙、同步场和信息标识符。

所有节点中的从任务（包括主节点）对信息标识符进行滤波，并发回数据场和校验场。

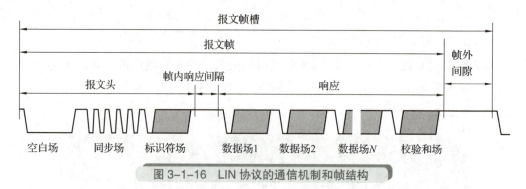

图 3-1-16　LIN 协议的通信机制和帧结构

2. LIN 总线技术在汽车中的应用

在汽车电子控制系统中广泛采用的基于 LIN 总线的解决方案主要有以下几种。

（1）大灯控制系统，控制对象为大灯，通过操作大灯开关控制远近光灯的切换、进行雾灯控制、调节照明系统背光等。大灯开关设计为 LIN 网络的一个从节点，车身控制器为主节点。

（2）车门控制系统，控制对象包括车窗升降电机、后视镜控制部件，其中后视镜控制部件包括上下移动电机、进出移动电机、折叠电机；转向灯控制；除雾除霜加热器控制等。

（3）座椅控制系统，控制对象为座椅，可以调节靠背、坐垫的角度，记忆座椅位置，调节座椅纵向位置，进行座椅加热等。

（4）方向盘控制系统，控制对象主要为车载娱乐系统（如收音机、导航、DVD 等），还可以通过与变速箱控制器的通信进行挡位变换。

（5）车顶控制系统，控制对象包括湿度传感器、光敏传感器、信号灯控制、天窗移动电机等。

LIN 总线最初的设计目的是用于汽车电子控制系统，但 LIN 总线协议的高可靠性使得 LIN 总线还可以广泛地应用于工业自动化产品中以及消费类电子产品中。

技能训练

3.1.6　测量 CAN 终端电阻及总线电压

比亚迪 E5 的网关控制器位于副驾驶室，比较容易测量而且能测量所有的主要网络，所以一般在进行此类测量或检查时，首先应从网关控制器入手。网关控制器端子主要引脚的标号如图 3-1-17 所示，网关控制器电路如图 3-1-18 所示；从中可以知道网关控制器 1、2 号端子分别为起动网的 CAN-H、CAN-L 线，7、8 号端子分别为舒适网的 CAN-H、CAN-L 线，9、10 号端子分别为动力网的 CAN-H、CAN-L 线，14、13 号端子分别为 ESC 网的 CAN-H、CAN-L 线，11 号端子为 CAN 屏蔽线。

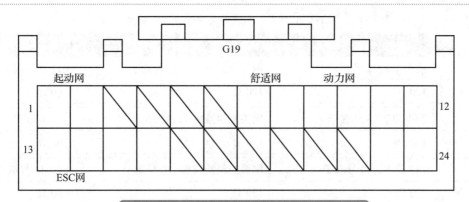

图 3-1-17 网关控制器端子主要引脚标号

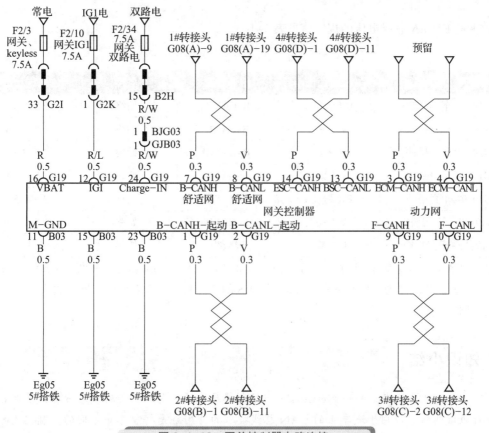

图 3-1-18 网关控制器电路连接

1. CAN 网络终端电阻的测量

拔下网关控制器插头,测量插头端/网关控制器端 CAN 总线电阻时,测得为单个终端电阻的阻值;不拔网关控制器插头,通过扎针和万用表测量 CAN 总线电阻时,测得为等效电阻。测量方法及标准值见表 3-1-2。

表 3-1-2　比亚迪 E5 各网络终端电阻的测量方法及标准值

测量条件	拔下插头		不拔插头
测量点	插头端 1、2 号端子	网关控制器端 1、2 号端子	1、2 号端子
标准值	120 Ω	120 Ω	60 Ω
测量点	插头端 7、8 号端子	网关控制器端 7、8 号端子	7、8 号端子
标准值	120 Ω	120 Ω	60 Ω
测量点	插头端 9、10 号端子	网关控制器端 9、10 号端子	9、10 号端子
标准值	120 Ω	120 Ω	60 Ω

2. CAN 总线电压的测量

比亚迪 E5CAN 总线电压的规定值见表 3-1-3。

表 3-1-3　比亚迪 E5CAN 总线电压规定值

端子号（符号）	配线颜色	端子描述	条件	规定状态
G19-1- 车身搭铁	P（粉红）	B-CANH	始终	2.5~3.5 V
G19-2- 车身搭铁	V（紫）	B-CANL	始终	1.5~2.5 V
G19-7- 车身搭铁	P（粉红）	B-CANH	始终	2.5~3.5 V
G19-8- 车身搭铁	V（紫）	B-CANL	始终	1.5~2.5 V
G19-9- 车身搭铁	P（粉红）	F-CANH	始终	2.5~3.5 V
G19-10- 车身搭铁	V（紫）	F-CANL	始终	1.5~2.5 V
G19-11- 车身搭铁	B（黑）	屏蔽线	始终	小于 1 V

测量 CAN 网络等效电阻时，也可以拔下其他 ECU 插头，测量插头测两个 CAN 端子之间电阻，测量结果正常为 60 Ω 左右；如拔下 BMS 的 2 号插头（BK45B），测量插头测 15 与 22 号端子间电压。

知识小结

1. CAN（Controller Area Network）即控制器局域网，是一种能够实现分布式实时控制的串行通信网络。应用于汽车上的 CAN 总线技术的作用就是将整车中不同的控制器连接起来，实现信息的可靠共享，并减少整车线束数量。

2. CAN 总线的报文传输由数据帧（Data Frame）、远程帧（Remote Frame）、错误帧（Error Frame）、过载帧（Overload Frame）和帧间空间（Interframe Space）5 个不同的帧类型表示和控制。

3. 比亚迪 E5 的整车网络，分为起动网、舒适网、动力网和 ESC 网，虽然这些网络传输速度有所不同，但是均采用 ISO 11898 协议。

4. 采用 ISO 11898 协议的 CAN 总线，终端电阻的阻值为 120 Ω，等效电阻为 60 Ω。

输入电路故障诊断与检修

工作任务

一辆比亚迪E5电动汽车上电后，踩刹车换挡，仪表盘没有变化；经检查后是挡位传感器供电线束断路，更换线束后故障消失。你知道整车控制系统的主要输入信号有哪些吗？你知道从哪里查看各控制器数据流吗？你知道如何测量诊断控制器输入电路吗？

任务分析

完成以上任务，学生需要了解整车控制系统相关知识。通过任务，学生能够掌握控制器输入电路的诊断方法，正确阅读电路图，正确使用解码器读取故障码，正确使用解码器读取数据流，根据数据流做出正确判断。

相关知识

3.2.1 整车控制系统输入信号及电路

1. 整车控制系统输入信号

有整车控制器的整车控制系统输入信号主要包括两部分：直接输入信号（主要包括开关信号、模拟信号和频率信号）、间接输入信号（通过CAN等交互的信号），如图3-2-1所示，间接信号主要通过BMS、电机控制器、车载充电机、制动系统ECU等通过CAN总线输入。

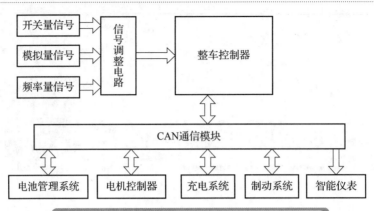

图 3-2-1 有整车控制器的整车控制系统输入信号

1）直接输入信号

直接输入信号通常有开关信号（钥匙信号、挡位信号、充电连接信号、制动信号）、模拟信号（加速踏板信号、制动踏板信号、真空压力信号、动力电池输出电压信号）、频率信号（车速传感器信号）等。

图 3-2-2 为北汽 EV160 纯电动汽车整车控制器原理图，作为整车控制器输入信号的传感器信号主要有：加速踏板位置信号、制动踏板开关信号、挡位信号、蓄电池故障信号、快充/慢充连接确认信号、安全气囊碰撞信号、真空泵压力传感器信号、制动能量回收增加/减少信号等。

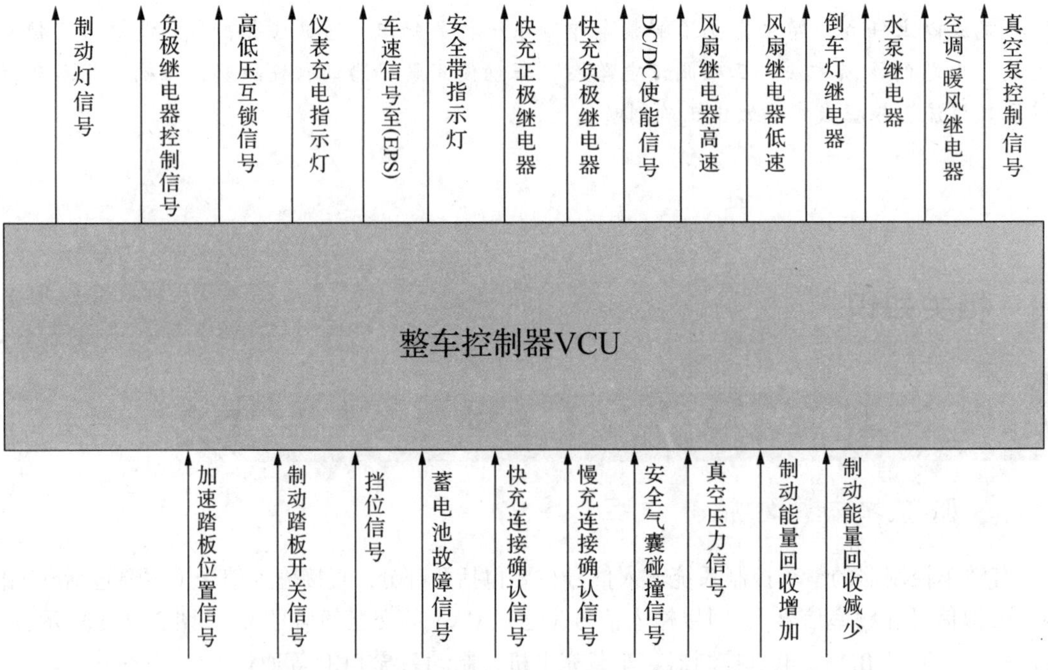

图 3-2-2 北汽 EV160 整车控制器电路原理图

踏板位置信号用于驾驶员意图解析功能，通过这两个信号，整车控制器能够获知驾驶员对车辆动力的需求是加速、减速还是滑行，是否急加速或进行紧急制动等；踏板信号可以用于车辆驱动控制，整车控制器通过当前车速及加速踏板位置可以计算当前车辆运行的驱动力需求；挡位信号反映驾驶员的换挡需求，VCU 据此进行换挡控制并在仪表盘上显示挡位信息；蓄电池故障信号来自 DC/DC 转换器，反映低压蓄电池有没有故障，若有故障 VCU 发送给仪表盘进行故障显示；快充/慢充连接确认信号可以用于车辆的充电过程控制，当整车控制器检测到充电连确认信号后，将控制车辆进入充电工作状态，整车控制器也将进行充电过程的监控；安全气囊碰撞信号来自车辆碰撞传感器，当车辆发生碰撞时，为保证乘客安全，VCU 会控制高压系统断电；真空泵压力传感器信号可以用于车辆电动化辅助系统管理，通过此信号整车控制器可以对真空助力系统中的真空罐压力进行监测和控制；制动能量增加/减少信号来自 E+、E- 按键，VCU 据此控制信号进行制动能量回馈强度的控制。

2）间接信号

间接信号通常是其他 ECU 通过 CAN 总线传递过来的信号，与整车控制器进行信号交互的 ECU 主要包括 BMS、电机及电机控制器、车载充电机、制动系统 ECU 等。

BMS 上报的信号主要包括：动力电池总电流、总电压、最高单体电压、最低单体电压、动力电池单体最高温度、动力电池单体最低温度、动力电池模组最高温度、动力电池模组最低温度、电池包荷电状态 SOC（State of Charge）、电池包健康状态 SOH（State of Health）。

电机控制器上报的信号主要包括：电机转速、电机转矩、电机电压、电机电流、电机温度信号、电机控制器温度信号。

车载充电机上报的信号主要包括握手请求信号、充电机能力信号（充电机最高输出电压、最低输出电压、最大输出电流）、充电请求信号、充电状态信号（充电电流、充电功率等）、充电终止信号等。也有些车辆整个充电过程中的信息互换都在电池管理系统和充电机之间进行，不再通过 VCU。

采用复合制动系统的电动汽车需要综合考虑液压制动系统、电机制动和防抱死系统工作的协调性，进而需要协调管理，称为制动管理系统（BCU），BCU 可以集成在 VCU 里，也可以独立于 VCU 之外，通过 CAN 进行通信。BCU 根据车辆的具体状态做出具体力矩分配。车速中等的一般制动，直接切入电机能量回馈制动，以最大数量的回收制动能量。车速高，驾驶员急踩踏板，需要紧急制动，则 BCU 会首先起动液压制动系统，待减速状态稳定以后，再引入能量回馈制动，并逐渐加大比例。行驶在冰雪路面，BCU 则会引入 ABS，并将其优先级设置为最高，以车辆正常安全行驶为要。

2. 整车控制系统的输入电路

整车控制系统的输入电路，是指在电动汽车上直接为整车控制系统提供车辆状态信息的传感器和控制开关等，通常也指与整车控制器之间的电气连接线路。整车控制系统输入电路的主要作用是传递传感器产生信号和开关信号。

传感器能够将整车状态信息如车速、部件工作温度、压力以及驾驶员对车辆的操作（如加速/制动踏板操作、换挡操作等）转换为电信号并通过整车控制器输入电路传送至整车控制器，使得整车控制器能够实时监控整车状态，保证车辆正常运行，并对驾驶员操作进行解读，及时进行相应的控制从而满足驾驶员对车辆的操控需求。

3.2.2 整车控制系统主要输入信号及电路

从前文可以知道，整车控制系统的输入信号多而杂，与电动汽车几乎所有的控制单元都有关系，因此下面以几个典型而重要的输入信号及电路为例进行讲解，主要包括加速踏板信号、制动踏板信号、充电连接信号、挡位信号、真空压力信号、温度信号。

1. 加速踏板信号

加速踏板位置传感器能够将加速踏板位置及变换速率信号传递给整车控制器，其信号通常为线性信号。常见的加速踏板位置传感器类型主要有电位计式和霍尔式，如图3-2-3所示。电位计型加速踏板位置传感器属于接触式传感器，采用可变电阻分压原理；霍尔型属于非接触式传感器，采用霍尔效应原理，无接触磨损，工作可靠。电位计式踏板位置传感器直接输出线性信号给整车控制器，而霍尔式则需要通过信号转换电路将霍尔传感器输出信号转换为线性信号。

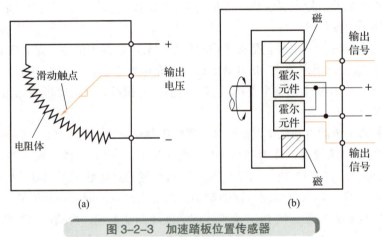

图 3-2-3 加速踏板位置传感器
（a）电位计式；（b）霍尔式

为了便于整车控制器监测信号并保证信号的准确性，避免当一个传感器信号失效时车辆行驶出现故障，普遍采用冗余设计，即采用两个传感器，两者相互检测，当一个传感器发生故障时能及时被识别，增加了系统的可靠性，保证行车的安全性。

比亚迪E5的加速踏板传感器也采用了双路冗余设计，但是由于没有整车控制器，加速踏板信号直接给高压电控总成内部的VTOG，如图3-2-4所示，用于驱动控制。

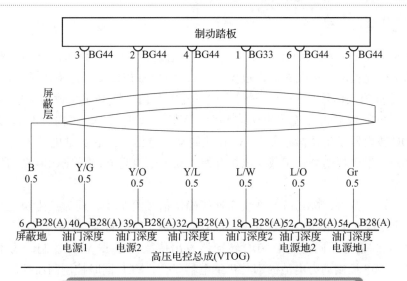

图 3-2-4 比亚迪 E5 加速踏板位置传感器输入电路

2. 制动踏板信号

制动踏板信号包括制动开关信号和制动踏板信号。制动开关信号用于判断驾驶员是否踩下制动踏板，可作为上电控制、换挡控制信号使用。

制动踏板信号采集制动踏板深度及变化率，用于计算制动力大小并用于制动力分配（电机制动力、液压制动力）信号。

比亚迪 E5 制动开关信号和制动踏板信号都给到 VTOG，如图 3-2-5 所示，制动开关信号还要传输给主控制器，用于控制真空泵。

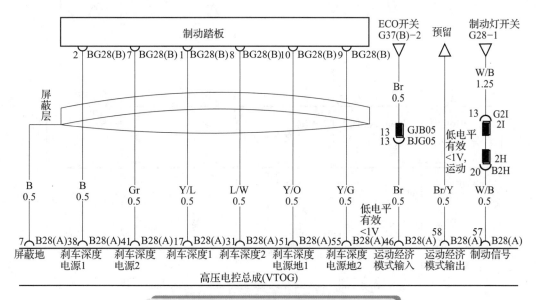

图 3-2-5 比亚迪 E5 制动信号

3. 充电连接信号

电动汽车通常有交流慢充和直流快充两种充电状态。常见的电动车的充电唤醒机制如下。

（1）当插上慢充枪时，车载充电机根据慢充口上的 CC 连接信号，确认慢充枪已经插好，之后产生慢充连接确认信号给 VCU，同时产生慢充唤醒信号给 VCU、数据采集终端 RMS 和组合仪表 ICM。VCU 收到慢充连接确认信号后，若符合充电条件，便向 BMS 发出唤醒信号（同时向 DC/DC 转换器发出使能信号），VCU 控制动力电池内部总负继电器闭合，BMS 控制动力电池内部总正继电器闭合，车载充电机开始向动力电池充电，同时 DC/DC 向低压蓄电池充电。

（2）当插上快充枪时，快充口产生快充连接确认信号给 VCU，同时产生快充唤醒信号给 VCU、数据采集终端 RMS 和组合仪表 ICM。VCU 收到快充连接确认信号后，若符合充电条件，便向 BMS 发出唤醒信号（同时向 DC/DC 转换器发出使能信号），VCU 控制动力电池内部总负继电器闭合，BMS 控制动力电池内部总正继电器闭合，VCU 同时控制高压控制盒中的快充正继电器和快充负继电器闭合，外部充电机开始向动力电池充电，同时 DC/DC 向低压蓄电池充电。

充电过程中，VCU 实时监控充电过程，若有异常情况便紧急停止充电。

（3）比亚迪 E5 的充电连接信号。

比亚迪 E5 的交流充电连接信号如图 3-2-6 所示，交流充电连接信号（CC）、控制信号（CP）、充电枪温度信号给高压电控总成内部的 VTOG，VTOG 再将充电连接信号给 BMS 和 BCM，如图 3-2-7 所示。VTOG 和 BMS 共同控制交流充电，BCM 用于仪表显示充电信息。

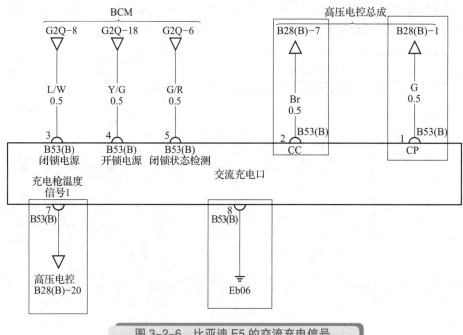

图 3-2-6 比亚迪 E5 的交流充电信号

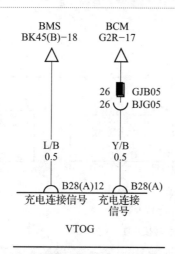

图 3-2-7 VTOG 将充电连接信号给 BMS 和 BCM

比亚迪 E5 的直流充电连接信号如图 3-2-8 所示，直流充电感应信号（CC2）、充电枪温度信号直接给 BMS，其他充电信息通过 CAN 充电网给 BMS，BMS 控制直流充电或断开充电。

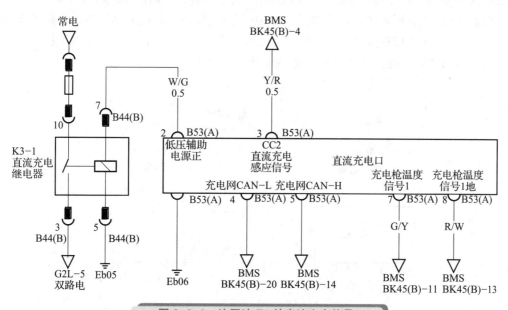

图 3-2-8 比亚迪 E5 的直流充电信号

4. 挡位信号

比亚迪 E5 换挡信号电路如图 3-2-9 所示，当驾驶员进行挡位操作后，挡位信息通过转接头Ⅲ-动力网 CAN 总线传递给各控制单元。VTOG 和 BMS 根据自身数据（电机温度、电压、电流等，动力电池总电压、最高单体温度、SOC 等）及通过 CAN 总线获得的当前挡位进行相应行驶模式切换并确定输出功率，同时将当前挡位信息在组合仪表上显示。

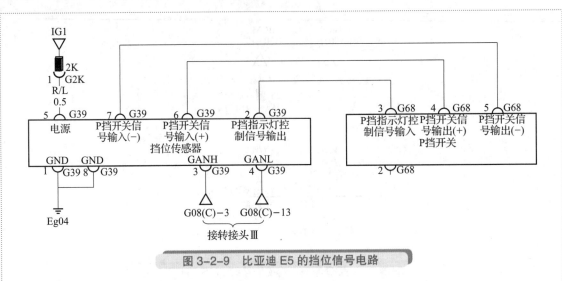

图 3-2-9 比亚迪 E5 的挡位信号电路

电动汽车为了追求续驶里程,往往要牺牲部分动力性能,这在一定程度上影响了驾驶员的驾驶体验,为了保证驾驶员能根据自己的喜好来选择驾驶模式,厂家设置了经济模式(ECO)和运动模式(SPORT)功能。驾驶员可以通过相应的按钮进行不同模式之间的切换。

比亚迪 E5 的驾驶模式选择电路如图 3-2-10 所示,经济模式信号直接传递给高压电控总成中的 VTOG,VTOG 根据信号(经济模式、运动模式)来选择相应的控制策略(选择驱动电机的输出转矩与加速踏板的变化关系),控制驱动电机转矩。

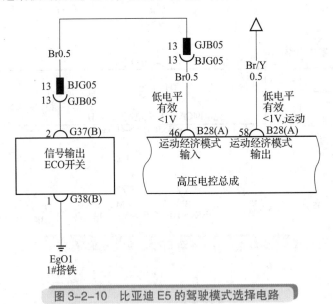

图 3-2-10 比亚迪 E5 的驾驶模式选择电路

5. 真空压力信号

与传统汽车类似,纯电动汽车的制动系统多采用真空助力系统进行制动助力,但是没有发动机作为真空源,因此需要真空泵来制造真空。整车控制系统需要知道真空助力系统的真空度大小来控制真空泵的工作与否。

比亚迪 E5 没有整车控制器,真空泵压力信号直接给主控制器,用于控制真空泵工作,其电路如图 3-2-11 所示。

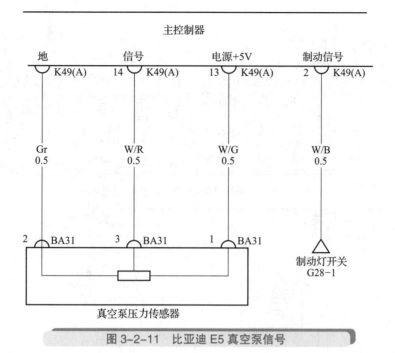

图 3-2-11 比亚迪 E5 真空泵信号

6. 温度信号

电动汽车上的温度信号主要包括动力电池温度信号（单体、模组）、驱动电机温度信号、IGBT 模块温度信号、驱动电机冷却液温度信号、动力电池冷却液温度信号、充电口温度信号（交流、直流）等。其中动力电池温度信号（单体、模组）、驱动电机温度信号、IGBT 模块温度信号、动力电池冷却液温度信号通常先给到相应的控制单元（BMS、电机控制器），然后通过 CAN 总线发送给整车控制器。驱动电机冷却液温度信号通常直接给整车控制器，用于控制冷却水泵、冷却风扇工作；充电口温度信号（交流、直流）可能给到 BMS 或整车控制器，用于控制充电与否。

比亚迪 E5 的充电口温度信号（交流、直流）见图 3-2-6 和图 3-2-8。交流充电温度信号给 VTOG，直流充电温度信号给 BMS。

比亚迪 E5 驱动系统冷却液温度信号电路如图 3-2-12 所示。冷却液温度信号直接给主控制器，主控制器控制冷却风扇工作。

动力电池冷却液温度信号电路如图 3-2-13 所示。冷却液温度信号给电池冷却控制器，电池冷却控制器控制冷却水泵工作，同时通过空调子网 CAN 总线与空调 ECU 等协同工作，控制压缩机、电子膨胀阀工作。

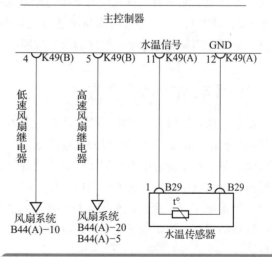

图 3-2-12 比亚迪 E5 驱动系统冷却液温度信号电路

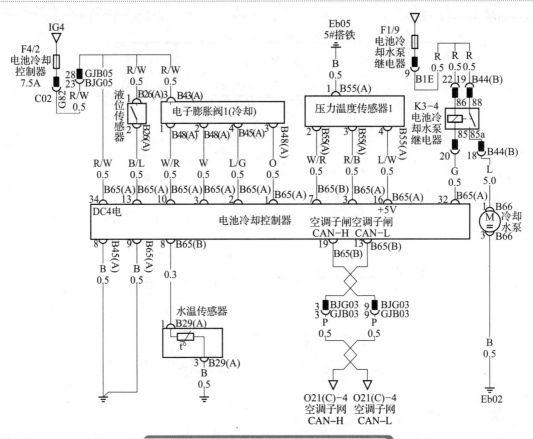

图 3-2-13 动力电池冷却液温度信号电路

3.2.3 整车控制输入信号异常的诊断方法

整车控制系统及相关传感器大多采用了低压供电,因此输入电路测试以整车低压供电系统为主要对象。测试时,首先应检查蓄电池状态,然后根据整车电气原理图,逐一进行测试。在车辆出故障时,还应先利用诊断仪进行故障码读取,缩小故障点范围,以便快速检测出故障点。下面介绍蓄电池及输入电路的常见故障及测试方法。

1. 蓄电池状态检测方法

蓄电池状态的检查主要包括确定蓄电池壳体是否损坏、蓄电池电极(蓄电池导线接头)是否受损、蓄电池固定是否牢固以及蓄电池电量状态。蓄电池壳体损坏会导致酸液流出,流出的蓄电池酸液会对车辆造成严重损坏,如有此现象发生应迅速用电解液稀释剂或肥皂液处理被电解液所接触的汽车零件。蓄电池电极损坏,将无法保证蓄电池接线端子接触良好。蓄电池若在车辆上固定不牢固,则会在车辆运行过程中对蓄电池产生震荡,将会缩短蓄电池的使用寿命,会导致栅格损坏,固定卡子会损坏蓄电池壳体。蓄电池电量充足是整车低压供电系统正常工作的保证。

2. 输入电路测试方法

整车控制器输入电路异常产生的主要原因多为相关传感器故障，但也不排除信号线路故障。传感器故障又可以分为传感器功能故障和供电线路故障，因此在进行整车控制器输入电路异常的检查时，主要检测内容就有信号线路故障、传感器供电故障及传感器功能故障三部分。

信号线路故障：通常指传感器或开关信号传输线故障，产生的原因主要有信号线路断路、插接件松动，这种故障下，传感器功能完好，只是由于线路问题导致整车控制器无法正常接收信号，因此检测时主要测试信号线路通断与否，以及相关插接件是否牢固。

传感器供电故障：主要指传感器供电回路故障，由于传感器一般为低压供电，这种故障下，首先应测试低压供电电源电压是否正常，在低压供电电压正常的情况下，再测试供电回路通断及插接件安装是否牢固。

传感器功能故障：产生的原因可能是车辆运行过程中的颠簸和振动导致的传感器损坏，这种故障下，主要测试传感器信号输出端是否有信号输出，以及输出信号是否正常。在实际整车控制系统输入电路的检修过程中，通常需借助故障诊断仪来缩小故障点范围。实际检修过程的具体步骤如下：

（1）首先使用诊断仪读取故障码，初步确定故障点，指明排查方向；
（2）检查供电电路和搭铁电路是否正常；
（3）检查信号线路是否有短路、断路或虚接情况；
（4）如上述步骤无故障，则更换传感器。

技能训练

3.2.4 充电功率小故障诊断与修复

1. 故障现象

一辆比亚迪 E5，车主反映在使用比亚迪 40 kW 壁挂式充电盒充电时，充电盒显示充电电流只有 31A，车辆组合仪表显示充电功率为 6 kW，如图 3-2-14 所示，远小于 40 kW 的充电功率，导致充电时间长。

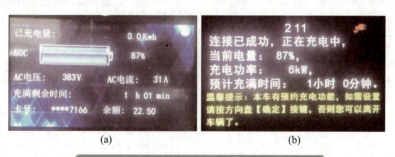

图 3-2-14 充电状态显示
（a）充电盒显示；（a）仪表盘显示

2. 故障原因分析

上述现象分析：能进行充电，说明整个交流充电控制及充电流程都正常。实际充电功率（6 kW）达不到正常功率（40 kW），说明充电功率被限制了。限制充电功率的因素有以下几个。

（1）40 kW 壁挂式充电盒故障；
（2）BMS 限制功率：动力电池温度过低、SOC 过高等；
（3）动力电池故障：动力电池单体温度过高、动力电池单体电压过高等；
（4）VTOG 限制功率或故障：IGBT 温度过高、线圈温度过高、交流充电口温度过高。

3. 故障诊断与排除

1）检查 40 kW 壁挂式充电盒是否正常

检查方法可以有两种：
（1）用另一个 40 kW 壁挂式充电盒给此车辆充电，检查是否能达到正常充电功率；
（2）用此 40 kW 壁挂式充电盒给其他车辆充电，检查是否能达到正常充电功率。

经过检查，此车辆用另一个 40 kW 壁挂式充电盒充电时，充电功率依然为 6 kW。这说明故障出现在车辆上，而不是在充电盒上。

2）用解码仪读取数据流

（1）使用解码仪读取 BMS 数据流，读取"最大允许充电功率""动力电池温度""SOC""最大单体电压"等信息，显示"动力电池温度""最大单体电压""最大允许充电功率"都正常，其中"SOC""最大允许充电功率"分别为 27%、76.3 kW，如图 3-2-15 所示，数据正常即 BMS 未限制充电功率。

图 3-2-15　BMS 中最大允许充电功率信息

（2）读取 VTOG 数据流，读取 VTOG 数据流中"IGBT 最高温度"和"电感最高温度"分别为 35 ℃、26 ℃，如图 3-2-16 所示，均为正常范围内，可排除 IGBT 或电感温度过高导致 IGBT 进行充电功率限制。VTOG 数据流中"充电口温度"显示为 40 ℃，如图 3-2-17 所示，超过了温度范围。

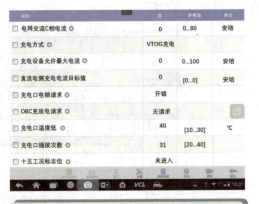

图 3-2-16　VTOG 中 IGBT 和电感最高温度信息　　图 3-2-17　VTOG 中充电口温度信息

用红外测温仪测量交流充电口,并未发现过热,因此判断为交流充电口温度传感器故障。

3)故障排除

更换交流充电口总成后,再次进行充电操作,充电功率正常,故障排除。

3.2.5 无法换挡故障诊断与修复

1. 故障现象

一辆比亚迪 E5 车辆上电后,仪表盘显示"请检查挡位系统"(车辆显示为"档位"),如图 3-2-18 所示。

踩下制动踏板后,进行换挡操作,仪表盘无相应显示(总是显示为 P 挡)。

2. 故障原因分析

该故障说明挡位传感器未发送换挡信息到 CAN 网,故障原因可能为:

(1)挡位系统供电故障;

(2)挡位系统 CAN 线故障;

(3)换挡操纵机构本身故障。

图 3-2-18 仪表盘显示"请检查挡位系统"

3. 故障诊断与排除

1)故障现象确认

踩下制动踏板后,进行换挡操作,然后松开制动踏板,轻轻踩下加速踏板,电机无加速动作,则说明挡位传感器未发送换挡信息到 CAN 网。

2)用解码仪读取故障码

连接解码仪对整车模块扫描,发现无法扫描到换挡机构模块,或进入动力模块未找到"挡位控制器"。

3)检查挡位传感器

(1)检查挡位传感器供电。挡位传感器电路如图 3-2-19 所示,检查供电线路时要先断开蓄电池负极,然后断开挡位传感器插接器 G39,测量插头端 1、8 号端子与车身地的电阻,检查结果为 0,即接地线路正常。连接蓄电池负极,测量插头端 5 号端子与车身地之间电压,测量结果为 0 V,即电源线路断路。检查 F2/10 保险,测量保险两端与车身地之间电压,均为 13.5 V,即保险正常。这说明故障出现在线束上。更换挡位传感器线束后故障消失。

(2)检查挡位传感器 CAN 网络。

如果挡位传感器供电正常,则要检查挡位传感器 CAN 网络,由于动力网能正常工作,即 CAN 主网络正常,因此可能故障原因有挡位传感器本身故障、挡位传感器 CAN-H 或 CAN-L 断路(CAN-H/CAN-L 对地、对电源短路或互相短路则整个 CAN 网络不能工作)。

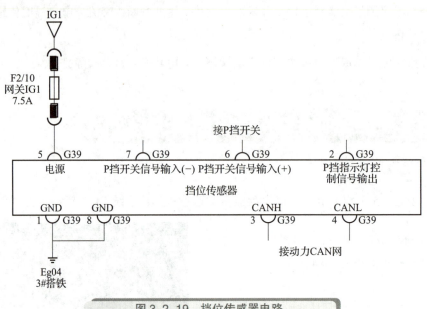

图 3-2-19 挡位传感器电路

检查挡位传感器 CAN-H 或 CAN-L 断路的方法为：

断开 G39 插头，测量插头测 3、4 号端子之间的电阻，正常值在 60 Ω 左右。

如果插头测 3、4 号端子之间的电阻正常，则说明故障发生在挡位传感器内部，此时需要更换挡位传感器。

知识小结

1. 整车控制系统输入信号主要包括两部分：直接输入信号（主要包括开关信号、模拟信号和频率信号）和间接输入信号（通过 CAN 等交互的信号）。间接信号主要通过 BMS、电机控制器、车载充电机、制动系统 ECU 等通过 CAN 总线输入。

2. 直接输入信号通常有开关信号（钥匙信号、挡位信号、充电连接信号、制动信号）、模拟信号（加速踏板信号、制动踏板信号、真空压力信号、动力电池输出电压信号）、频率信号（车速传感器信号）等。

3. 加速踏板位置信号和制动踏板开关用于驾驶员意图解析功能，通过这两个信号整车控制系统对车辆的运行状态进行判断。为了便于整车控制器监测信号并保证信号的准确性，避免当一个传感器信号失效时车辆行驶出现故障，普遍采用两个加速踏板传感器。

4. 比亚迪 E5 的交流充电连接信号（CC）、控制信号（CP）、充电枪温度信号给高压电控总成内部的 VTOG，VTOG 再将充电连接信号给 BMS 和 BCM。VTOG 和 BMS 共同控制交流充电，BCM 用于仪表显示充电信息

5. 比亚迪 E5 的直流充电感应信号（CC2）、充电枪温度信号直接给 BMS，其他充电信息通过 CAN 充电网给 BMS，BMS 控制直流充电或断开充电。

6. 比亚迪 E5 的真空压力传感器信号、水温信号传递给主控制器，由主控制器判断并控制真空泵的运转。

输出信号故障诊断与检修

工作任务

一辆比亚迪 E5 车上电时，不能正常上电，OK 灯不能点亮，仪表显示"请检查动力系统"，经诊断是动力电池包内部接触器故障，更换动力电池包并进行标定后故障排除。请问如何检查动力电池包内部接触器损坏故障？

任务分析

完成任务，学生需要掌握整车控制系统输出信号相关知识。通过任务，学生能够完成车间和个人防护，能独立查阅电路图，能够迅速读取数据流，能够正确查询维修手册（本节所有电路图均来自相关维修手册），能够掌握相关电路电气连接及端子定义，能够正确更换动力电池。

相关知识

3.3.1 整车控制系统输出信号及电路

整车控制系统输出信号主要包括两部分：直接指令信号（直接控制执行器）和通过 CAN 输出的指令信号（通过 CAN 等交互信号，发出指令给其他 ECU）。

直接指令信号包括各高压接触器吸合/断开信号、真空泵工作信号、驱动冷却系统水泵开关信号、冷却风扇信号、部分指示灯控制等。

通过 CAN 输出给 BMS 的指令信号包括充电、放电和开关指令。充电，在最初的充电连接信号确认后，整车处于禁止行车状态，VCU 交出控制权。整个充电过程由电池管理系统（BMS）和车载充电机共同完成，直至充电完成或者充电中断，车辆控制权重新回到 VCU 手中。放电，VCU 根据驾驶员意图，推算出车辆的功率需求，换算成电流需求，发送给 BMS。

BMS 根据自身 SOC、温度和系统设计阈值，确定提供的电流值。当热管理系统需要使用电池包以外的资源时，需要电池包与 VCU 协调处理热管理过程，如压缩机系统、冷却液循环系统等的开起/关闭。如果热管理过程只涉及电池包内部电气，比如开起内置的 PTC、加热膜加热，或者开起风扇降温，则信息只在电池包内部处理即可，不需要与 VCU 沟通。开关指令，在充放电开始之前，VCU 控制整车强电系统是否上电，通过控制电池包的主回路接触器实现。在车辆运行过程中，遇到突发状况，VCU 酌情判断是否闭合或者断开主回路接触器。

VCU 向电机控制器发送的指令，包含三个部分的描述：电机使能信息、电机模式信息（再生制动、正向驱动、反向驱动）以及相应模式下的电机转矩。

VCU 向车载充电机发送的指令包括充电使能、充电终断指令等。也有些车辆整个充电过程中的信息互换都在电池管理系统和充电机之间进行，不再通过 VCU。

根据制动踏板的开度和开度变化的速度，VCU 计算出车辆的制动需求力矩，传递给制动管理系统（BCU）。BCU 根据车辆的具体状态做出具体力矩分配。

3.3.2 整车控制系统主要输入信号及电路

1. 接触器控制

不同企业电动汽车的高压系统布置有所不同。

比亚迪 E5 高压系统的接触器分别位于动力电池内部和高压电控总成内部。动力电池内部有动力电池正、负极接触器，高压电控总成内部有主接触器和直流快充正、负极接触器。比亚迪 E5 的高压系统接触器全都由 BMS 控制，如图 3-3-1 所示。

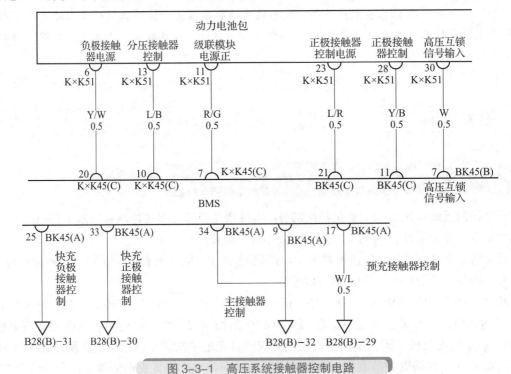

图 3-3-1 高压系统接触器控制电路

BMS 控制上/下电过程，当接收到上电信号或充电信号后，各个接触器的闭合顺序是：动力电池正极接触器——预充接触器——动力电池负极接触器——主接触器；当接收到下电信号后，各个接触器断开顺序是：主接触器——动力电池负极接触器——动力电池正极接触器。

2. 真空泵控制

电动汽车没有发动机作为真空源，因此需要电动真空泵提供真空度。真空助力系统的具体控制过程为：当驾驶员起动汽车时，电子控制系统模块开始自检，如果真空系统内的真空度小于设定值，控制器将控制电动真空泵开始工作，当真空度达到设定值后控制器控制真空泵停止工作。当真空系统内的真空度因制动消耗，真空度小于设定值时，电动真空泵再次开始工作，如此循环。

比亚迪 E5 纯电动汽车的真空助力系统控制电路如图 3-3-2 所示，采用了冗余设计。当主控制器接收到真空压力传感器信号超出正常限值时，主控制器 2 号或者 12 号引脚控制真空泵继电器接地，电动真空泵供电回路导通，电动真空泵工作，提供真空，保证助力系统的正常工作，冗余设计的目的是提高工作的可靠性。

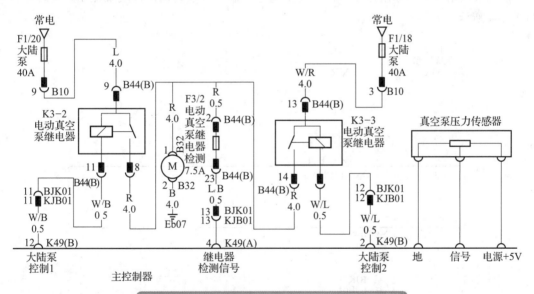

图 3-3-2　比亚迪 E5 真空助力系统控制电路

3. 冷却风扇控制

比亚迪 E5 冷却风扇控制电路如图 3-3-3 所示，分为两类：带无级风扇和不带无级风扇。

不带无级风扇时，主控制器（主控 ECU）通过控制高低速风扇继电器的通/断来控制风扇转速。

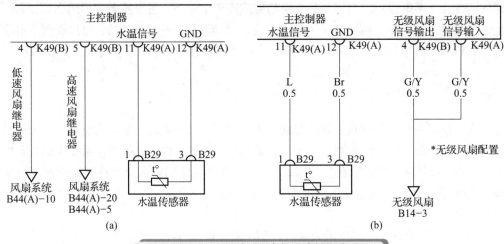

图 3-3-3 比亚迪 E5 冷却风扇控制电路
(a) 不带无级风扇；(b) 带无级风扇

带无级风扇时，主控制器（主控 ECU）通过控制无级风扇调速模块来控制风扇转速，如图 3-3-4 所示。

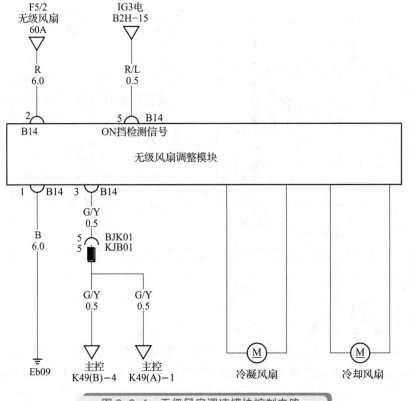

图 3-3-4 无级风扇调速模块控制电路

4. 冷却水泵控制

纯电动汽车的主要发热部件有驱动电机、电机控制器、车载充电机、DC/DC、动力电池等。它们中有的采用风冷，有的采用水冷。

比亚迪E5中采用强制水冷的部件有驱动电机、高压电控总成（内部集成电机控制器、车载充电机、DC/DC等）和动力电池，分为两路冷却系统：驱动冷却系统和电池冷却系统。

驱动冷却系统的水泵是常转的，其电路如图3-3-5所示，即只要有双路电就会一直工作，即上OK电或充电时都一直在工作，给高压电控总成和驱动电机散热。

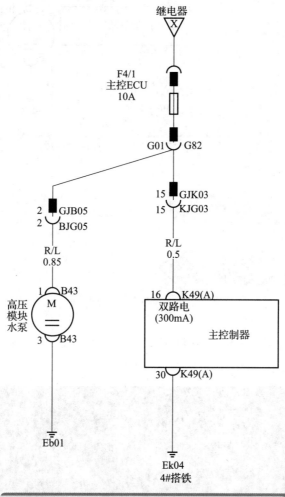

图3-3-5 比亚迪E5驱动冷却系统水泵电路

比亚迪E5动力电池冷却系统水泵由动力电池热管理控制器控制，其电路如图3-3-6所示。当动力电池需要冷却时，动力电池控制11号端子输出，电池冷却水泵继电器吸合，冷却水泵开始工作。

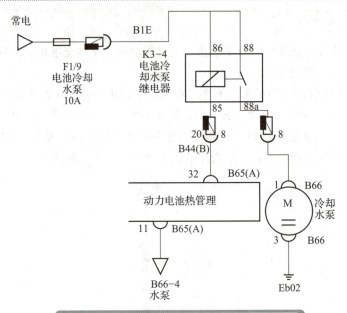

图 3-3-6 比亚迪 E5 动力电池冷却水泵电路

技能训练

3.3.3 案例分析

1. 故障现象

一辆比亚迪 E5 车上电时 OK 灯不能点亮，车辆无法行驶，仪表显示"请检查动力系统"，如图 3-3-7 所示。

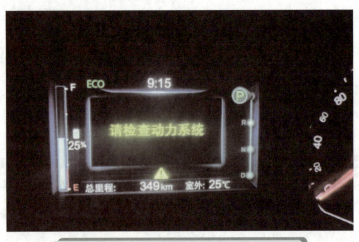

图 3-3-7 比亚迪 E5 仪表显示

2. 故障原因分析

OK 灯不能点亮，表明高压预充没有成功。

预充过程：起动车辆时，为缓解对高压系统的冲击，电池管理器先吸合预充接触器，电池包的高压电经过预充接触器串联的限流电阻后加载到 VTOG 母线上，VTOG 检测到母线上的电压与电池包电压相差在 50 V 以内时，通过 CAN 通道向电池管理器反馈一个预充满信号，电池管理器收到预充满信号后控制主接触器吸合，断开预充接触器。经过分析可知故障可能有：

（1）电池包内部高压不能输出：动力电池正负极接触器不能吸合、动力电池内部保险烧断；
（2）高压电控总成高压故障：预充接触器不能吸合、预充电阻断路、主接触器不能吸合；
（3）信号故障：VTOG 母线电压监测故障等。

3. 故障检查与修复

1）用解码仪诊断

连接诊断设备，扫描到 BMS 报预充失败故障，如图 3-3-8 所示，确定因预充失败导致无法上电。

读取 BMS 数据流，如图 3-3-9 所示，数据流显示：SOC25%、总电压 621 V、允许充放电功率正常（最大允许充电功率 80.7 kW，最大允许放电功率 108.6 kW），即 BMS 没有限制电池包对外放电。

图 3-3-8 解码仪扫描到预充失败故障

图 3-3-9 BMS 数据流

上电瞬间观察各接触器的动态数据，发现相关接触器（预充接触器、负极接触器、正极接触器）都先吸合后断开，预充状态也由"正在预充"变为"预充失败"，如图 3-3-10 所示。这说明 BMS 控制没有异常。

图 3-3-10　上电瞬间接触器状态及预充状态

读取上电 VTOG 中"动力电机母线电压"（VTOG_DSP2）数据流，如图 3-3-11 所示，显示电压只有 18 V，说明预充时 VTOG 未检测到动力电池电压。可能的原因是：电池包电压没有输出到高压电控总成（VTOG），或者是高压电控总成中 VTOG 母线电压监测存在问题。

图 3-3-11　VTOG_DSP2 数据流

2）检查动力电池输出电压

通过测量动力电池与高压电控总成连接高压母线电压的方法，判断动力电池是否输出电压，测量方法是：整车退电后等待 5 min，断开蓄电池负极；将高压电控总成的直流母线输入断开；连接蓄电池负极。戴好绝缘手套，然后用万用表测量上电瞬间（即相关接触器吸合）时正负母线之间的电压,如图 3-3-12 所示。此时读数为 0 V,即动力电池没有对外输出高压。

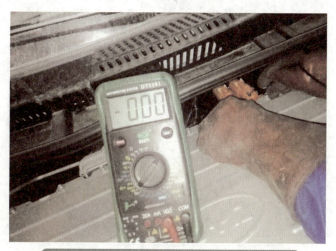

图 3-3-12　检测上电瞬间正负极母线直接电压

3)检查动力电池连接线束

拆下动力电池母线,如图 3-3-13 所示,测量正负母线的电阻(也可以拔下动力电池母线两端插头,由两个维修工配合测量)。结果显示阻值均小于 0.1 Ω,正常。

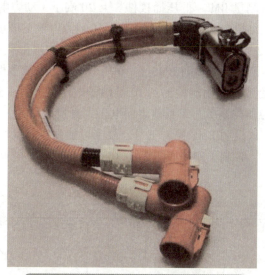

图 3-3-13　动力电池母线

用同样的方法检查动力电池采样通信线束,未见异常。动力电池采样通信线束如图 3-3-14 所示,也可以拔下动力电池低压显示两端插头(一端接动力电池,另一端接高压电控总成上的 BMS 控制器),由两个维修工配合测量。

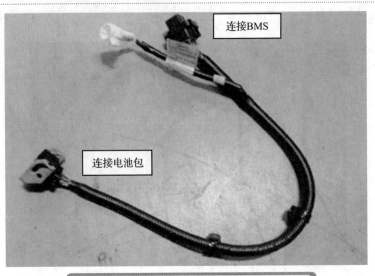

图 3-3-14 动力电池采样通信线束

4）检查高压接触器

（1）整车退电后等待 5 min，断开蓄电池负极；将 BMS 控制器上低压插接器 3 拔下；连接蓄电池负极。

（2）上电，用万用表测量 BMS- 低压插接件 3 上 20 端子（动力电池负极接触器供电）与车身地之间的电压，测量结果为 12 V；测量 21 端子（动力电池正极接触器供电）与车身地之间的电压，测量结果为 12 V，正常。各端子连接如图 3-3-15 所示。

（3）进行上电操作，测量上电瞬间 BMS 上 10 端子（动力电池负极接触器控制）与车身地之间的电压，测量结果为上电瞬间能检测到 10 号端子电压下降 0；测量上电瞬间 BMS 上 11 端子（动力电池正极接触器控制）与车身地之间电压，测量结果为上电瞬间能检测到 11 号端子电压下降 0，均正常。这说明 BMS 控制正常，故障可能发生在动力电池包内部，很大可能为电池包内部接触器故障。各端子连接如图 3-3-15 所示。

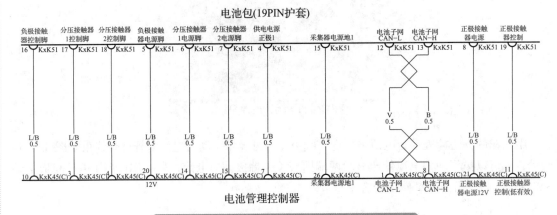

图 3-3-15 动力电池内部低压线路各端子连接

5)检查接触器线圈电阻

测量低压插接件 3 插头侧 10 号端子与 20 号端子之间的电阻,结果为 101 Ω,正常。测量 11 号端子与 21 号端子之间的电阻,结果为无穷大,说明接触器线圈断路。

6)故障排除

更换动力电池并进行容量及 SOC 标定后上电试车,故障排除。

知识小结

1. 整车控制系统输出信号主要包括两部分:直接指令信号(直接控制执行器)和通过 CAN 输出的指令信号(通过 CAN 等交互信号,发出指令给其他 ECU)。

2. 直接指令信号包括各高压接触器吸合/断开信号、真空泵工作信号、驱动冷却系统水泵开关信号、冷却风扇信号、部分指示灯控制等。整车控制系统直接控制的输出信号有高压系统的各个接触器控制、真空泵控制、冷却水泵控制、冷却风扇控制、仪表指示灯等。

3. 北汽 EV160 高压系统的接触器分别位于动力电池内和高压盒内,位于动力电池内部的有总正接触器、总负接触器和预充接触器 3 个,此外还有一个用于动力电池加热的 PTC 加热接触器;位于高压盒内的有快充正极继电器和快充负极继电器。它们都由 VCU 控制。

4. 比亚迪 E5 高压系统的接触器有位于动力电池内部的动力电池正、负极接触器;高压电控总成内部的主接触器和直流快充正、负极接触器。这些接触器全都由 BMS 控制。

5. 纯电动汽车的主要发热部件有驱动电机、电机控制器、车载充电机、DC/DC、动力电池等。它们中有的采用风冷,有的采用水冷。

6. 纯电动汽车没有发动机作为真空源,因此需要电动真空泵提供真空度。

参 考 文 献

［1］节能与新能源汽车技术路线图战略咨询委员会．节能与新能源汽车技术路线图［M］．北京：机械工业出版社，2016．

［2］郑军武，吴书龙．新能源汽车技术［M］．长春：东北师范大学出版社，2016．

［3］王志福．电动汽车电驱动理论与设计［M］．北京：机械工业出版社，2017．

［4］李伟．新能源汽车构造原理与故障检修［M］．北京：化学工业出版社，2015．

［5］宁德发．电动汽车结构·原理·检测·维修［M］．北京：化学工业出版社，2016．

［6］包科杰，徐利强．新能源汽车维护与故障诊断［M］．北京：人民交通出版社，2017．

［7］陈黎明．电动汽车结构原理与故障诊断［M］．北京：机械工业出版社，2015．

［8］蔡兴旺．新能源汽车结构与维修［M］．北京：机械工业出版社，2014．

［9］崔胜民．新能源汽车概论［M］．北京：北京大学出版社，2015．

新能源汽车
整车控制系统检测维修

任务工单

徐景慧　胥泽民　彭　鹏　主编

北京理工大学出版社
BEIJING INSTITUTE OF TECHNOLOGY PRESS

目 录

学习情境 1　整车控制系统认识 ………………………………………………………… 1
　任务工单 1.1　网关控制器检测拆装 ……………………………………………………… 1
　任务工单 1.2　整车控制数据流读取 ……………………………………………………… 4
　任务工单 1.3　高压电控总成拆装 ………………………………………………………… 7

学习情境 2　整车控制系统功能测试 …………………………………………………… 10
　任务工单 2.1　车辆静止状态测试 ………………………………………………………… 10
　任务工单 2.2　整车驱动控制功能测试 …………………………………………………… 13
　任务工单 2.3　整车能量管理与能量回收 ………………………………………………… 16
　任务工单 2.4　保护功能测试 ……………………………………………………………… 19
　任务工单 2.5　云服务与远程监控系统测试 ……………………………………………… 23

学习情境 3　整车控制系统检测与维修 ………………………………………………… 26
　任务工单 3.1　通信系统故障诊断与检修 ………………………………………………… 26
　任务工单 3.2　输入电路故障诊断与检修 ………………………………………………… 31
　任务工单 3.3　输出信号故障诊断与检修 ………………………………………………… 35

学习情境 1　整车控制系统认识

任务工单 1.1　网关控制器检测拆装

任务名称	任务 1.1　网关控制器检测拆装		实训教室			
学生姓名			学生学号		任务成绩	
班　级			日　期			
任务描述	一辆比亚迪 E5 纯电动汽车的仪表上显示多个系统故障,用解码仪连接后多个系统都不能进入					
任务目的	认知比亚迪 E5 的整车控制系统,完成网关控制的拆装并严格执行 5S 现场管理制度;在工作中养成团队意识和合作精神					

一、知识强化

1. 控制系统一般包括_____、_____和执行元件。_____采集信息并转换成电信号发送给控制器,_____根据传感器的信息进行运算、处理和决策,并向执行元件发送控制指令以完成某项控制功能。

2. 当系统中有多个控制系统且系统之间有_____需求时,但是各个系统之间信息传输速度_____时,多个系统可以连接在网关上,通过 CAN 总线实现不同_____系统之间的信息通信。

3. 新能源汽车整车控制系统是基于_____的多个控制系统的_____,以_____为管理核心,实现电池管理控制、电机控制、空调控制、电动助力转向控制、制动控制等。

4. 比亚迪 E5 整车控制系统没有整车控制器,整车控制功能由若干个 ECU 协同完成,主要包括_____、_____、低压 BMS、_____、车载终端等。

5. 高压电控总成安装在_____内,内部集成双向交流逆变式电机控制器_____、高压配电箱和_____、车载充电器(安装在高压电控总成背面)、_____等部件。

二、计划制订

请根据任务要求,确定所需要的检测仪器、工具,并对小组成员进行合理分工,制订详细的工作计划。

1. 需要的资料及用具:

2. 小组成员分工:

3. 工作计划:

学习情境 1　整车控制系统认识

三、任务实施

（一）比亚迪 E5 网关控制器的更换

1. 拆卸储物盒。

（1）将杂物箱打开。

（2）_____。

（3）将杂物箱两侧的限位柱通过_____，使限位柱脱开限位孔。

（4）将杂物箱总成转轴处与仪表板下本体配合紧固处脱开，即可取出杂物箱总成。

2. 拆卸网关控制器。

网关控制器位于：_____。

（1）_____。

（2）用_____套筒拆卸 1 颗网关控制器固定支架螺栓。

（3）取下_____。

（4）取下网关控制器。

3. 安装网关控制器。

（1）放置网关控制器

（2）用_____套筒安装_____固定螺栓。

（3）_____。

4. 安装杂物盒。

安装杂物盒的顺序与拆卸杂物盒相反。

（二）比亚迪 E5 网关控制器的检测

比亚迪 E5 网关控制器端子，其中_____号端子为常电，_____号端子为 IG1 电，24 号端子为双路电，11 号端子为_____。

测量网关供电及搭铁线电阻的步骤为：

（1）_____。

（2）断开网关控制器 G19 连接器。

（3）连接低压蓄电池负极。

（4）测量线束端供电电压和搭铁线电阻，并完成下表。

测量点	搭铁点	配线颜色	端子描述	条件	规定状态	测量值
G19-16	车身搭铁			始终	11~14 V	
G19-12	车身搭铁			OK 挡电	11~14 V	
G19-24	车身搭铁			OK 挡电或插枪充电	11~14 V	
G19-11	车身搭铁			始终	小于 1 Ω	

四、状态检查

完成后，进行如下检查：

1. 检查车辆、工具、设备是否复位：_____

2. 检查场地是否清洁：_____

3. 检查车辆能否正常上电：_____

五、学习评价

1. 请根据自己任务完成的情况，对自己的工作进行自我评估，并提出改进意见。

（1）_____

_____

（2）_____

_____

（3）_____

2. 工单成绩（总分为自我评价、组长评价和教师评价得分值的平均值）。

自我评价	组长评价	教师评价	总分

任务工单 1.2 整车控制数据流读取

任务名称	任务 1.2 整车控制数据流读取	实训教室	
学生姓名		学生学号	任务成绩
班　级		日　期	
任务描述	一辆比亚迪 E5 纯电动汽车动力电池故障，要用诊断仪连接读取相关数据流、主动测试等进行故障诊断		
任务目的	能正确连接诊断仪 VCI 设备并与车辆匹配，读取整车控制系统数据流（如 BMS 数据流）；在工作中养成团队意识和合作精神		

一、知识强化

1. 整车控制器的功能有：_____
_____
_____
（至少填 8 个）。

2. 整车控制器根据_____信号、_____信号、_____信号及转向信号，解析驾驶员的驾驶意图。

3. 整车控制器接收到充电信号后（如快充或慢充连接确认信号），配合_____共同进行充电过程中的充电功率控制，禁止高压系统_____，保证车辆在充电状态下处于_____状态，并根据电池状态信息限制充电功率，以保护电池。

4. 当车辆进行_____时，整车控制器根据当前车辆_____信息和_____的状态信息来进行判断是否进行制动能量回馈控制。

5. 整车控制器将对车辆的运行状态进行实时监测，并通过原车 CAN 总线将各子系统的状态信息传送给_____系统，包括_____和中控系统。

6. 比亚迪 E5 整车工作模式主要有三种：_____、行驶模式和_____。其中，_____、_____优先于_____。

二、计划制订

请根据任务要求，确定所需要的检测仪器、工具，并对小组成员进行合理分工，制订详细的工作计划。

1. 需要的资料及用具：

2. 小组成员分工：

3. 工作计划：

任务工单 1.2 整车控制数据流读取

三、任务实施

在上电状态下读取整车控制系统数据流：

1. 连接诊断仪。

（1）将_____、_____与VCI设备（蓝牙接线盒）连接。

下图是VCI设备的基本结构，根据下图填写表格。

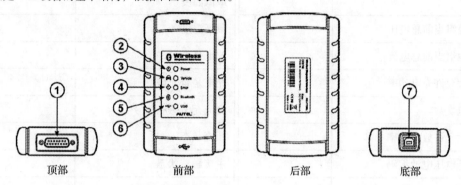

视图	序号	功能
顶部	1	
前部	2	电源指示灯——通电后
	3	车辆指示灯——与车辆网络通信后
	4	
	5	蓝牙指示灯——与MaxiSys平板诊断设备通过蓝牙连接通信时绿灯持续点亮
	6	USB指示灯——通过USB连接线与MaxiSys平板诊断设备正确连接时绿灯持续点亮
后部		设备标识
底部	7	USB端口

（2）将USB线与_____连接。

（3）将_____连接到车辆OBDII诊断插口，比亚迪E5诊断接口位于_____。

2. 进入诊断仪。

（1）确定与车辆成功配对后打开诊断仪电源开关，然后滑动解锁触摸键将屏幕解锁。

（2）点击"MaxiSyS"图标。

（3）点击"诊断"图标。

（4）制造商选择界面选择比亚迪。

（5）进入后显示连接VCI界面，界面显示：确认车辆连接到VCI并且_____点火钥匙；当正在建立通信连接时，大约需要10秒钟，请稍等。

3. 以读取电池管理系统为例读取数据流。

（1）选择_____模块，进入控制单元选择界面。

（2）选择电池管理系统。

（3）进入电池管理系统后可以进行读取故障码、_____、读取数据流、_____和特殊功能操作，其中特殊功能可以标定_____。

学习情境 1　整车控制系统认识

（4）点击读取数据流图标后进入电池管理系统数据流界面，读取数据流完成下表。

名称	值	名称	值
满电次数		最高单节电池电压	
SOC		最低温度	
电池组当前总电压		最高温度	
电池组当前总电流		放电是否允许	
最大允许充电功率		充电是否允许	
充电次数		交流充电感应信号	
最大允许放电功率		预充状态	
最低电压电池编码		主接触器状态	
最低单节电池电压		负极接触器状态	
最高电压电池编码		预充接触器状态	

四、状态检查

完成后，进行如下检查：

1. 检查车辆、工具、设备是否复位：_____。
2. 检查场地是否清洁：_____。
3. 车辆启动开关是否处于 OFF 状态：_____。

五、学习评价

1. 请根据自己任务完成的情况，对自己的工作进行自我评估，并提出改进意见。

（1）_____

_____

（2）_____

_____

（3）_____

_____

2. 工单成绩（总分为自我评价、组长评价和教师评价得分值的平均值）。

自我评价	组长评价	教师评价	总分

任务工单 1.3　高压电控总成拆装

任务名称	任务 1.3　高压电控总成拆装		实训教室			
学生姓名			学生学号		任务成绩	
班　　级			日　　期			
任务描述	一辆比亚迪 E5 纯电动汽车不能上高压电，仪表不显示 OK，经检查是高压电控总成故障，需要对其进行更换					
任务目的	认知比亚迪 E5 高压电控总成外围设备及接口，认知高压电控总成内部结构，完成高压电控总成的更换并严格执行 5S 现场管理制度；在工作中养成团队意识和合作精神					

一、知识强化

1. 比亚迪 E5 将_____、车载充电器模块、_____和_____及漏电传感器集成在一个总成内，称为_____，又称"四合一"。

2. 高压电控总成分别与_____、_____、直流充电口、_____、空调电动压缩机和_____通过高压线束相连。

3. 高压电控总成前部从右至左依次为：_____，出水口，_____，交流输入 L1、N 相接口和交流输入 L2、L3 相接口（装有时）。

4. 高压电控总成后部从右至左依次为：动力电池负极母线接口、动力电池正极母线接口、_____、电动压缩机高压输出接口和_____。

5. 比亚迪 E5 高压电控总成采用内部集成设计，上层主要包含双向交流逆变式电机控制器（VTOG）、_____、_____和 DC/DC 转换器，在高压电控总成下层有_____；中间为_____，冷却液在中间水道中流动，为高压电控总成内部的发热部件：_____、DC/DC、车载充电机、升降压线圈、_____等散热。

6. 高压配电模块：完成动力电池电源的输出及分配，其上游是_____，下游包括双向交流逆变式电机控制器（VTOG）、_____、PTC 水加热器、_____、_____，也将 VTOG 和车载充电器的高压直流电分配给动力电池组。

二、计划制订

请根据任务要求，确定所需要的检测仪器、工具，并对小组成员进行合理分工，制订详细的工作计划。

1.需要的资料及用具：

2.小组成员分工：

3.工作计划：

学习情境 1 整车控制系统认识

三、任务实施

比亚迪 E5 高压电控总成更换：

1. 清除 VTOG 防盗。

在更换电机控制器（或更换"四合一"总成方式）时，使用原厂诊断仪 VDS1000 先对原车的 VTOG 进行密码清除，然后再对换上的备件进行防盗编程。原厂诊断仪 VDS1000_____功能中有"电机控制器编程"和"电机控制器密码清除"。

2. 下电。

（1）退电至 OFF 挡。

（2）将钥匙拔下并妥善保存 / 无线钥匙_____。

（3）打开前舱盖，拆卸低压蓄电池负极。

（4）等待 5 min，目的是：_____。

3. 放水。

（1）沿逆时针方向慢慢转动副水箱盖，目的是：_____；然后取下副水箱盖。

（2）举升车辆，拧松放水阀，排尽冷却液。将排出的冷却液存放于合适的容器内。待冷却液排净后，旋紧散热器放水阀。

4. 拆除附件。

高压电控总成壳体还作为安装的机体，其上装有_____、DC/DC 输出端线束、_____、继电器盒。

拆卸高压电控总成前要先从高压电控总成上拆下 PTC 加热器副水箱、DC/DC 输出端线束和继电器盒的固定螺栓。

5. 拔下低压插头。

（1）拔下高压电控总成上的低压线束：33PIN 低压插件（后侧）、64PIN 低压插件（左侧）。

（2）拔下安装在高压电控总成上的低压 BMS 上的低压线束，断开 BMS 的连接。

6. 拔下水管。

拆除高压电控总成冷却液进水管、出水管以及冷却液排气管管路。

7. 拆卸并拔出高压插头。

依次拔除高压电控总成上的所有高压接插件。

写出高压电控总成上的高压接插件（拔下一个记录一个）：
_____
_____
_____

8. 拆除搭铁线。

拆除高压电控总成上左右_____根搭铁线。

9. 拆卸高压电控总成。

用_____套筒拆除高压电控总成与前舱大支架之间的_____颗 M10 螺栓。

10. 用抱装夹具将高压电控总成从前舱中抬出。

安装高压电控总成（完成后在下列条目打钩）。

高压电控总成安装按照拆卸相反的顺序进行。

（1）安装两端的搭铁线。

（2）安装进水管、出水管、排气管。

（3）安装或连接高压线束。

（4）安装或连接低压线束。

11. 加注冷却液。
(1) 将比亚迪公司指定的冷却液倒入副水箱,直至达到注入口颈部的底端为止。
(2) 盖上_____,并拧紧。
(3) 上电让水泵运转约 5 min,然后将其断电。
(4) 待电机和散热器等_____,取下副水箱盖。
(5) 然后将比亚迪公司指定的冷却液注入副水箱使其液面达到副水箱上限 (MAX) 标记处。
(6) 重复上述步骤,直至不需再添加冷却液为止。

四、状态检查

完成后,进行如下检查:
1. 检查车辆、工具、设备是否复位:_____。
2. 检查场地是否清洁:_____。
3. 检查车辆能否正常上电:_____。

五、学习评价

1. 请根据自己任务完成的情况,对自己的工作进行自我评估,并提出改进意见。
(1) _____
_____
(2) _____
_____
(3) _____

2. 工单成绩(总分为自我评价、组长评价和教师评价得分值的平均值)。

自我评价	组长评价	教师评价	总分

学习情境 2　整车控制系统功能测试

任务工单 2.1　车辆静止状态测试

任务名称	任务 2.1　车辆静止状态测试	实训教室	
学生姓名		学生学号	任务成绩
班　级		日　期	
任务描述	客户选购纯电动汽车，询问比亚迪 E5 纯电动汽车的仪表显示代表什么意思，并询问手机能否与比亚迪 E5 进行蓝牙连接		
任务目的	掌握仪表盘各指示灯的功能，学会读取剩余电量、续航里程等数据，能够将手机与车辆进行蓝牙连接，并严格执行 5S 现场管理制度；在工作中养成团队意识和合作精神		

一、知识强化

1. 车辆仪表盘的主要作用是为驾驶员提供_____信息及_____信息。
2. 比亚迪 E5 纯电动汽车的仪表盘及各指示灯主要分为三个区域：_____、信息显示屏和_____。
3. 车辆下坡时或减速行驶时，功率指示值可能为_____，表示当前车辆正在给_____，即汽车现在处于能量回收状态。
4. 比亚迪 E5 的信息显示屏包含_____、里程信息、_____、室外温度、背光调节挡位提示、调节菜单、_____、提示信息、故障信息。
5. 故障/提示信息弹窗显示包括_____、放电提示信息、_____、其他提示信息（如驻车提示、行驶提示、挂挡提示等）。充放电提示通常是白色字体，屏幕右上角有_____图标；故障提示信息用_____字体；其他提示信息（如驻车提示、行驶提示、挂挡提示等）显示用白色字体。
6. 辅助用电设备主要包括_____、_____、雨刮器、点烟器、电动车窗等设备。辅助用电设备虽然与车辆动力性能的好坏无太大联系，但直接关系着车辆驾驶员的_____和_____，因此保证辅助用电设备的功能完好具有重要意义。

二、计划制订

请根据任务要求，确定所需要的检测仪器、工具，并对小组成员进行合理分工，制订详细的工作计划。

1. 需要的资料及用具：

2. 小组成员分工：

3. 工作计划：

三、任务实施

（一）比亚迪 E5 故障灯认知

认知下列故障灯，并填写。

1. 充电系统警告灯。

（1）充电时此灯用于警告_____故障。

（2）放电时此灯用于警告_____系统故障。

（3）非充放电时此灯用于警告_____模块及起动型铁电池模块的工作状态。

2. 动力系统故障警告灯。

如果_____发生故障，此警告灯点亮。

如果发生下列任何一种情况，则表示由警告灯系统监控的部件中某处发生故障，建议尽快与比亚迪汽车授权服务店联系检查车辆：

（1）整车电源挡位处于"OK"挡时，此警告灯_____。

（2）_____中此警告灯点亮。

注意：在操作中，此警告灯_____点亮不表示有问题。尽量_____在警告灯点亮的情况下驾驶车辆，建议尽快与比亚迪汽车授权服务店联系检查车辆。

3. 电机冷却液温度过高警告灯。

电机冷却液温度过高警告灯常亮，表示_____，同时右侧信息显示屏显示"冷却液温度过高，请_____将车辆停靠在安全路段，使电动机降温，并建议联系比亚迪汽车授权服务店"；闪烁时表示_____，应及时_____。

4. 动力电池过热警告灯。

如果此指示灯_____，表示动力电池温度太高，须_____降温。

在下列工作条件中，动力电池可能会产生过热现象，例如：

（1）在炎热的天气进行长时间_____。

（2）在长时间_____的交通状况，频繁_____、急刹车的状况，或长时间车辆运转得不到休息的状况。

5. 动力电池故障警告灯。

当整车电源挡位处于"OK"挡时，此灯点亮。如果动力电池系统_____，则几秒钟后此灯熄灭。此后，如果系统_____，此灯将再次点亮。

（二）通过仪表读取信息

（1）举升车辆使车轮脱离地面。

（2）整车上电。

（3）踩下刹车，将挡位切换到 D 挡。

（4）松开刹车，轻踩加速踏板到一定位置，固定不动。

（5）观察仪表，进行记录并完成下表。

（6）通过操作方向盘上的选择键进行行车信息切换，进行记录并完成下表。

名称	数据或内容
当前车速	
当前功率	
剩余电量	
当前挡位	
当前室外温度	
当前时间	
续驶里程	
能量流动方向	
累计平均电耗	
最近 50 km 平均电耗	

学习情境 2　整车控制系统功能测试

（三）蓝牙设置与连接

1. 蓝牙设置。

（1）在多功能触摸屏上点击"电话"。

（2）点击"设置"。

（3）可以查看：设备名称、_____和自动连接、自动应答设置。

（4）点击"设备名称"进入设备名称修改界面，将设备名称修改为"XStiyan"。

（5）点击"配对密码"进入密码修改界面，将密码修改为班级代号。

2. 蓝牙连接。

（1）打开自己手机的蓝牙。

（2）在多功能触摸屏的蓝牙界面按"设备连接"。

（3）连接自己手机。

（4）同组同学拨打该同学手机。

（5）试试用车载多媒体接听电话。

四、状态检查

完成后，进行如下检查：

1. 检查车辆、工具、设备是否复位：_____。

2. 检查场地是否清洁：_____。

3. 检查蓝牙的手机设备名称是否为本组同学手机：_____。

五、学习评价

1. 请根据自己任务完成的情况，对自己的工作进行自我评估，并提出改进意见。

（1）_____

_____

（2）_____

_____

（3）_____

_____

2. 工单成绩（总分为自我评价、组长评价和教师评价得分值的平均值）。

自我评价	组长评价	教师评价	总分

任务工单 2.2　整车驱动控制功能测试

任务名称	任务 2.2　整车驱动控制功能测试		实训教室	
学生姓名		学生学号		任务成绩	
班　　级		日　　期			
任务描述	顾客来比亚迪新能源 4S 店看车，询问驾驶比亚迪 E5 450 电动汽车与驾驶燃油车有什么区别，换挡时的操作是否一样				
任务目的	能够向客户讲解电动汽车与燃油车在驱动模式上的区别，能进行运动模式与经济模式的切换；能够进行换挡操作，进行防溜车测试和进行引擎音测试。				

一、知识强化

1. 电动汽车驱动装置主要包括_____、_____、机械传动装置（减速器/变速器、主减速器、差速器、半轴）和车轮等。其功用是将储存在动力电池中的_____高效地转化为车辆的_____，并能够在车辆减速制动时将车辆的_____转化为_____充入动力电池。

2. 从车辆的角度来说，理想的动力输出特性曲线应是在全车速范围内可以保持_____功率输出，输出转矩随车速的上升呈双曲线趋势下降。但是在低速时，转矩被限制为一个恒值，因为此时最大驱动力由轮胎与地面接触面间的_____决定，因此为了防止车轮打滑，这个恒值不能超过_____。动力装置的恒转矩特性可以在低速时提供_____，满足车辆在加速、超车或是_____等行驶路况的需求。

3. 在传统燃油车辆上安装多挡变速箱的目的是让内燃机的转矩 - 转速曲线向理想曲线靠拢，扩大内燃机输出_____的转速范围。

4. 因为电动机的转速 - 转矩特性逼近理想的运行特性，故采用_____传动装置即可满足车辆运行性能的需要。

5. 比亚迪 E5 纯电动汽车动力传动系统主要包括：驱动电机、_____、主减速器、_____和半轴。驱动电机与变速驱动桥总成的质量为 103 kg，驱动电机在最大输出功率为_____kW。匹配_____，总减速比为_____，一级传动比为 3.158，主减速传动比为 2.958。

6. 电动汽车的驱动模式大体上可以分为：_____、正常驱动模式、制动模式和_____模式。

7. 比亚迪 E5 的驾驶模式包括普通模式和_____模式，可以通过_____按钮来实现驾驶模式的切换，当进入_____模式时，仪表盘上显示 ECO 字样。

二、计划制订

请根据任务要求，确定所需要的检测仪器、工具，并对小组成员进行合理分工，制订详细的实验工作计划。

1. 需要的资料及用具：

学习情境2 整车控制系统功能测试

2. 小组成员分工：

3. 工作计划：

三、任务实施

（一）比亚迪 E5 防溜车测试

1. 准备工作。
（1）将车辆开至坡道上。
（2）踩停车辆，拉起电子手刹并将启动按钮置于 OFF 挡。

2. 模拟坡道起步。
（1）按下启动按钮，仪表 OK 灯_____，说明上电正常。
（2）踩下_____并操纵换挡杆换至 D 挡位。
（3）松开电子手刹。
（4）逐渐松开制动踏板，不踩加速踏板。
（5）车辆向后微微溜车，经过一小段距离后，车辆_____坡道上。
（6）此时通过解码仪进入_____读取驱动电机数据流。
（7）根据数据流填写下表：

名称	数据
油门位置	
刹车深度	
动力电机母线电压	
动力电机转速	
电机扭矩	
电机功率	

（二）低速提示音认知与设置

比亚迪 E5 引擎音模拟器用来模拟_____行驶时内燃机汽车的声音，它位于_____。

1. 低速提示音设置。
低速提示音系统可通过方向盘上的"确定"和"选择"操作按键控制开启及关闭，车辆重新上电启动时，低速提示音默认_____。
（1）自行将低速提示音设置为关闭并记录设置流程。

（2）重启车辆，查看低速提示音设置为_____。

2. 低速提示音测试。

在测试时将车辆置于一个较为静谧的环境中，缓慢将车辆加速到 50 km/h，再减速到 0，最后倒车，记录并填写下表。

车辆状态	车速	提示音变化或有无
上 OK 电后车辆静止	$v = 0$ km/h	
加速	0 km/h $< v \leqslant 20$ km/h	
	20 km/h $< v \leqslant 30$ km/h	
	$v > 30$ km/h	
加速	20 km/h $< v \leqslant 30$ km/h	
	0 km/h $< v \leqslant 20$ km/h	
倒车		

四、状态检查

完成后，进行如下检查：

1. 检查车辆、工具、设备是否复位：_____。
2. 检查场地是否清洁：_____。
3. 检查车辆能否上 OK 电：_____。

五、学习评价

1. 请根据自己任务完成的情况，对自己的工作进行自我评估，并提出改进意见。

（1）_____

_____

（2）_____

_____

（3）_____

_____

2. 工单成绩（总分为自我评价、组长评价和教师评价得分值的平均值）。

自我评价	组长评价	教师评价	总分

任务工单 2.3　整车能量管理与能量回收

任务名称	任务 2.3　整车能量管理与能量回收	实训教室	
学生姓名		学生学号	任务成绩
班　　级		日　　期	
任务描述	客户选购纯电动汽车，询问比亚迪 E5 纯电动汽车有没有能量回收功能，怎么开省电，汽车对外放电是什么意思		
任务目的	能讲解制动能量回馈的原理，能操作设置制动能量回馈强度，能演示比亚迪 E5 的放电功能和能量回馈功能		

一、知识强化

1. 电动汽车能量管理功能包括_____、能量回收管理、_____、_____和放电管理（具有放电功能时）等。

2. 驱动管理：根据从_____输入的信号进行驱动，电控单元发出相应的控制指令来控制功率转换器功率装置的通断，调节电动机和电源（动力电池）之间的_____。

3. 根据从_____的信号输入进行制动，能量管理系统和电控系统共同控制再生制动及其能量的回收。

4. 目前，部分电动汽车具有放电功能，通常包括 VTOL——_____，VTOV——_____，VTOG——车辆对电网放电。

5. 制动能量回收方法根据储能机理不同，电动汽车制动能量回收的方法也不同，主要有 3 种，即_____、液压储能和_____储能。目前在电动汽车上采用的制动能量回收系统通常是电能式，储能元件通常为_____。

6. 目前制动能量回收的控制策略可以分为两大类，即_____能量回馈控制策略和_____能量回馈控制策略。

7. 比亚迪 E5 纯电动汽车能够在滑行和减速制动时实现制动能量回收。驾驶员可以通过个性化设置进行制动能量回收强度的调节，可以设置为_____或_____。

二、计划制订

请根据任务要求，确定所需要的检测仪器、工具，并对小组成员进行合理分工，制订详细的工作计划。

1.需要的资料及用具：

2.小组成员分工：

3.工作计划：

三、任务实施

（三）比亚迪 E5 放电测试——VTOL 放电

1. 放电前的准备。
（1）确认整车电量，电量表显示为_____15%。
（2）整车电源挡位退至"OFF"挡。
（3）解锁交流充电口舱门开关。
（4）打开充电口舱门、充电口保护盖。
（5）检查车辆充电端口、放电装置，并填写下表。

位置	检查任务	状态
充电端口	有无水	
	有无杂物	
充电口金属端子	有无生锈/腐蚀	
放电装置	壳体有无破裂	
	电缆有无磨损	
放电装置插头	有无生锈/异物	

2. 放电设置。
（1）按下放电开关按键。
（2）仪表上弹出设置对话框，有_____、VTOV 和 VTOG。
（3）选择"VTOL"放电模式。
（4）选择单向设备，选择好后，仪表提示"请在 10 分钟内连接放电枪"。

3. 连接放电连接装置并放电。
（1）将 VTOL 放电连接装置的车辆插头连接至充电口，并可靠锁止。
（2）连接用电设备，可选择风扇等车间内常见用电设备，并记录设备名称：
_____
（3）打开用电设备，记录用电设备是否正常工作：_____。
（4）观察仪表盘，记录仪表显示内容：
_____

4. 结束放电。
（1）断开用电设备。
（2）可通过按下"放电"按键，或长按"确认"按键（3 s 以上），或直接按下放电连接装置上车辆插头机械按钮来结束放电。

5. 整理工具设备。
（1）按下放电连接装置上车辆插头机械按钮，拔出车辆插头；将放电连接装置整理好，并妥善放置。
（2）关闭充电口保护盖和充电口舱门。

（二）比亚迪 E5 放电测试——VTOV 放电

有条件的学校可以进行此项操作，并记录操作步骤：
_____
_____
_____

（三）比亚迪 E5 制动能量回收测试

注意：制动能量回收功能测试需要经验丰富的驾驶员在实车上进行操作，场地要求为空旷行人少的路段。测试的具体步骤如下：

（1）打开车门，驾驶员上车。
（2）关闭车门，系好安全带。
（3）驾驶员踩下制动踏板，并按下起动开关（电子手刹自动解除）。
（4）将换挡手柄由 N 挡位换至 D 挡位。
（5）逐渐松开制动踏板，车辆开始行驶。
（6）踩下加速踏板，加速至较高车速。
（7）松开加速踏板（此时也可轻轻踩下制动踏板）。
（8）进行观察并记录：
功率表显示功率为_____。
调整多功能显示屏到能量流程图界面。
能量流方向为由_____流至_____。

四、状态检查

完成后，进行如下检查：
1. 检查车辆、工具、设备是否复位：_____。
2. 检查场地是否清洁：_____。
3. 检查工单是否正确记录：_____。

五、学习评价

1. 请根据自己任务完成的情况，对自己的工作进行自我评估，并提出改进意见。
（1）_____
_____
（2）_____
_____
（3）_____
_____

2. 工单成绩（总分为自我评价、组长评价和教师评价得分值的平均值）。

自我评价	组长评价	教师评价	总分

任务工单 2.4　保护功能测试

任务名称	任务 2.4　保护功能测试	实训教室	
学生姓名		学生学号	任务成绩
班　级		日　期	
任务描述	客户选购纯电动汽车，询问比亚迪 E5 纯电动汽车安全与否，自己打开机舱换水时有没有触电的危险		
任务目的	认知比亚迪 E5 的高压互锁系统及其他高压安全防护系统并能向客户说明，能做好安全防护，测量充电口处的绝缘电阻并严格执行 5S 现场管理制度；在工作中养成团队意识和合作精神		

一、知识强化

1. 高压互锁，也指危险电压互锁回路（Hazardous Voltage Interlock Loop, HVIL）：通过使用_____，来检查整个高压产品、导线、连接器及护盖的电气_____，识别回路_____时；及时断开____

2. 高压互锁系统主要由_____、监测器、HVIL 控制器和_____组成。高压互锁回路的原理是：当高压部件或高压电源上/内部的监测器检测到高压部件/高压电源高压电路处于_____状态时，触发 HVIL 断电信号，整车高压源会在毫秒级时间内_____，以保障用户的安全。

3. 互锁监测回路有两种形式：直接在高压电缆内和单独作为一条线束。但是都要满足一个要求：当断开高压回路时，_____回路要先断开；当连接高压回路时_____回路要先连接，若先连接互锁监测回路则高压回路_____。

4. 由于电动汽车下电后，高压电路中的_____存有大量的电荷，如果电荷没有得到有效的排放，将对_____等元器件造成损耗；同时对维修人员存在一定的危险。因此，要利用_____电路将这部分电能消耗掉。

5. 对于高电压系统中的高压组件，由于内部破损或者潮湿，有可能会传递给_____一个电势。如果有两个这样外壳同时具有不同电势的组件，在两个外壳之间会形成具有危险性的电压，如果手触及这两个组件，会发生_____危险。因此，所有的高电压系统组件都通过一根_____一起连到车辆的_____。

6. 国标对 REESS（车载可充电储能系统）的绝缘阻值的要求是：若在整个寿命周期内没有交流电路，或交流电路有附加防护，其绝缘电阻 R 除以_____应不小于_____Ω/V；若包括交流电路且没有附加防护，则其绝缘阻值应不小于_____Ω/V；若 REESS（车载可充电储能系统）集成在了一个完整的电路里，可能需要一个更高的绝缘阻值。

7. 比亚迪 E5 的高电压泄放有主动放电和_____。_____电阻始终与电容器并联。在高电压系统工作时电流也会通过_____流走；为了使此时产生的功率损失保持在较低程度，被动放电电阻的设计阻值相对较_____，控制自放电功率在_____以内。因此，被动放电时电压降到安全电压（60 V 以内）时的时间可能为几分钟。主动放电电阻位于供电电子装置（VTOG 供电模块）内，主动放电电阻的阻值为_____Ω，因此放电速度明显加快。这种设计可确保最迟_____后结束高电压电路主动放电。但是为了在主动放电系统故障（如主动放电失效）时保证安全，仍然要求下电后等待_____再对高压系统操作。

学习情境 2　整车控制系统功能测试

8. 比亚迪对_____接触器、主接触和动力电池_____极接触器有烧结检测。_____接触器烧结检测是通过直流烧结检测总成来检测的。直流烧结检测总成位于_____。

9. 主接触和动力电池负极接触器的烧结检测是通过_____来进行的，检测方法是_____。

二、计划制订

请根据任务要求，确定所需要的检测仪器、工具，并对小组成员进行合理分工，制订详细的实验工作计划。

1. 需要的资料及用具：

2. 小组成员分工：

3. 工作计划：

三、任务实施

（一）比亚迪 E5 互锁回路认知及测试

比亚迪 E5 的高压互锁回路主要包括_____、PTC 水加热总成高 / 低压插接件、_____和 BMS 低压插件 BK45（B）。

1. 互锁回路认知。

注意：进行互锁回路认知时，先下电，保证操作安全。

（1）拔下 PTC 水加热总成高压的插头

互锁端子要比高压端子_____，保证断开高压插头时，先断开_____；连接高压插头时后连接_____。

测量两个互锁端子之间的电阻约为_____Ω。

（2）举升车辆。

（3）拔下动力电池高压插头。

互锁端子要比高压端子_____，保证断开高压插头时，先断开_____；连接高压插头时后连接_____。

测量两个互锁端子之间的电阻约为_____Ω。

2. 用解码仪读取互锁状态。

（1）连接解码仪。

（2）选择比亚迪 E5，进入控制单元，选择动力模块。

（3）点击电池管理系统，选择读数据流；进入数据流选择界面，点击数据流。

读取与高压互锁相关的数据流，并填写下表。

任务工单 2.4 保护功能测试

名称	状态
正极接触器状态	
负极接触器状态	
主接触器状态	
快充正极接触器状态	
快充负极接触器状态	
预充接触器状态	
高压互锁1	
高压互锁2	
高压互锁3	

（二）充电口绝缘电阻测试

注意：进行充电口绝缘电阻测量之前先要保证车辆下电。

1. 打开充电口。
（1）解锁充电口舱门开关。
（2）打开充电口舱门、充电口保护盖。
（3）确保车辆充电端口内没有水或外来物，金属端子无锈蚀等问题。
2. 连接设备。
（1）将测试插头（黄色线）插入_____。
（2）将地线（黑色）插头插入 com（公共端）。
3. 穿戴个人防护用品。
（1）穿绝缘鞋。
（2）检查绝缘手套。比亚迪动力电池电压为：_____，因此要求耐压等级大于_____。实际耐压等级为_____。
4. 测量快充口绝缘电阻。
（1）旋转开关转至_____挡。原因是：_____。
（2）将_____探头接车身地，可选择快充口 PE 端子。
（3）将_____端子探头接快充口正极。
（4）按住探头位置的 Test 按钮或测试仪上的测试按钮，开始测试。
（5）主显示器数值稳定时显示的电阻即为绝缘电阻，为_____。
（6）用同样的方法测量快充口负极绝缘电阻，阻值为_____。
判断快充口是否存在绝缘故障：_____。
5. 测量慢充口绝缘电阻。
（1）旋转开关转至_____挡。原因是：_____。
（2）用同样的方法测量慢充口高压端子绝缘电阻，记录阻值分别为：
L：_____，N：_____。
判断慢充口是否存在绝缘故障：_____。
6. 收好工具。
（1）旋转开关转至 OFF 挡。
（2）摘下绝缘手套。
（3）收好绝缘测试仪。
（4）关闭充电口。

学习情境 2　整车控制系统功能测试

四、状态检查

完成后，进行如下检查：

1. 检查车辆、工具、设备是否复位：＿＿＿＿＿＿＿＿＿＿＿＿＿＿＿＿＿＿＿＿＿＿＿＿＿＿。
2. 检查场地是否清洁：＿＿＿＿＿＿＿＿＿＿＿＿＿＿＿＿＿＿＿＿＿＿＿＿＿＿＿＿＿＿＿。
3. 检查动力电池高压线束插接器、PTC水加热总成插接器是否连接完整：＿＿＿＿＿＿＿＿＿＿。

五、学习评价

1. 请根据自己任务完成的情况，对自己的工作进行自我评估，并提出改进意见。

（1）＿＿

＿＿＿

（2）＿＿

＿＿＿

（3）＿＿

2. 工单成绩（总分为自我评价、组长评价和教师评价得分值的平均值）。

自我评价	组长评价	教师评价	总分

任务工单 2.5　云服务与远程监控系统测试

任务名称	任务 2.5　云服务与远程监控系统测试		实训教室	
学生姓名		学生学号		任务成绩
班　　级			日　　期	
任务描述	客户选购纯电动汽车，询问什么是比亚迪云服务，比亚迪云服务能干什么，怎么安装			
任务目的	掌握比亚迪云服务的功能，能用手机APP查看车辆信息，远程控制车门开关和空调开关功能并严格执行5S现场管理制度；在工作中养成团队意识和合作精神			

一、知识强化

1. 车联网系统是指通过在车辆仪表台或其他位置安装的车载终端设备，实现对车辆所有工作情况和静/动态信息的_____、存储并_____。车联网系统分为三大部分：_____、_____、数据分析平台。

2. 车联网系统的意义有：车辆的全生命周期管理，_____，节能减排，_____。

3. 比亚迪云服务手机APP可以查看实时车况，包括_____、油耗/电耗_____、总里程、胎压、_____以及更多车况信息。车况检测可实时对车身重要模块进行检测，保障车主的安全，模块主要包括发动机、驻车制动系统、_____系统、ABS、_____、ESP系统、仪表系统、水位、机油压力、_____系统、_____系统、动力电池等。远程控制功能主要包括远程车门_____、远程开启空调、远程关闭空调、预约开空调。

4. 车载终端的主要功能有：_____功能、黑匣子功能、_____功能、盲区补传、自检功能、_____和_____。

5. 比亚迪E5的车载终端通过CAN总线、_____与车辆的动力网和_____网相连，获得总线数据。

二、计划制订

请根据任务要求，确定所需要的检测仪器、工具，并对小组成员进行合理分工，制订详细的工作计划。

1. 需要的资料及用具：

2. 小组成员分工：

3. 工作计划：

学习情境 2　整车控制系统功能测试

三、任务实施

（一）检查并更换比亚迪 E5 车载终端

1. 检查电源。

注意：检查前要断开蓄电池负极端子。

（1）用万用表检查 F2/5 保险，如果异常则＿＿＿＿＿＿＿。

（2）拔下车载终端插头（K58）。

（3）用万用表测试线束端 10 号端子与车身地之间的电压，正常为＿＿＿＿＿＿＿V，实际为＿＿＿＿＿＿＿V；是否正常：＿＿＿＿＿＿＿。

（4）用万用表测试线束端 8 号端子与车身地之间的阻值，正常为＿＿＿＿＿＿＿Ω，实际为＿＿＿＿＿＿＿V；是否正常：＿＿＿＿＿＿＿。

2. 检查 CAN 通信。

（1）重新连接蓄电池负极端子。

（2）用万用表测试线束端电压，并填写下表。

名称	检测仪连接	条件	规定值	实际值
舒适网 CANH	（　　）与车身地	始终	约 2.5 V	
舒适网 CANL	（　　）与车身地	始终	约 2.5 V	
	K58-3- 车身地	始终	约 2.5 V	
	K58-4- 车身地	始终	约 2.5 V	

3. 更换车载终端。

（1）在取出行李厢盖板、行李厢后围踏板、行李厢工具盒。

（2）用一字螺丝刀轻轻撬起卡扣头部，然后用手将其取出。

（3）断开线束连接器 K58。

（4）用＿＿＿＿＿＿＿套筒拆卸固定螺栓，取下车载终端。

（5）安装车载终端并复原。

（二）手机 APP 体验

操作前车辆上锁。

1. 查看实时车况。

（1）登录比亚迪云服务手机 APP。

（2）查看实时车辆状况并记录：

2. 远程控制。

（1）点击云服务系统主页面上的车门解锁。

（2）输入操作密码并确定。

（3）检查车门是否能打开，记：＿＿＿＿＿＿＿。

（4）点击云服务系统主页面上的车门上锁。

（5）输入操作密码并确定。

（6）检查车门是否能打开，记：＿＿＿＿＿＿＿。

（7）点击云服务系统主页面上的开启空调。
（8）输入操作密码并确定。
（9）设置温度并确定。
（10）检查空调是否打开，记录：_____。

四、状态检查

完成后，进行如下检查：
1. 检查车辆、工具、设备是否复位：_____。
2. 检查场地是否清洁：_____。
3. 检查能否用手机APP查看实时车辆状况：_____。

五、学习评价

1. 请根据自己任务完成的情况，对自己的工作进行自我评估，并提出改进意见。
（1）_____
_____
（2）_____
_____
（3）_____
_____

2. 工单成绩（总分为自我评价、组长评价和教师评价得分值的平均值）。

自我评价	组长评价	教师评价	总分

学习情境 3　整车控制系统检测与维修

任务工单 3.1　通信系统故障诊断与检修

任务名称	任务 3.1　通信系统故障诊断与检修		实训教室	
学生姓名		学生学号		任务成绩
班　级		日　期		
任务描述	一辆比亚迪 E5 在使用解码仪读取故障码时，发现动力系统无法进入，经检查是动力网 CAN-L 对地短路			
任务目的	能正确测量 CAN 总线网络的终端电阻、CAN-H 和 CAN-L 的电压值并严格执行 5S 现场管理制度；在工作中养成团队意识和合作精神			

一、知识强化

1. SAE（Society of Automotive Engineers，汽车工程师协会）将汽车数据传输网划分为 A、B、C 三类。A 类网络是面向_____控制的低速网络，主要应用于电动车窗、座椅调节器、灯光照明等控制。其典型应用是_____总线网络，B 类网络是面向_____间数据共享的_____网络。C 类网络是面向_____控制的多路传输网。一般地，把传输速率在_____以上的网络定义为 D 级网络。

2. CAN 是_____的简称，是德国 BOSCH 公司为解决现代汽车中的数据交换而开发的一种_____通信协议。目前，电动汽车常采用的总线是_____总线。

3. CAN 总线是一种多主总线，是一种双线串行数据通信总线，通信介质可以是_____、同轴电缆或_____，通信速率最高可达_____。

4. CAN_High 和 CAN_Low 的电压变化基于 ISO 11898 标准和 ISO 11519-2 标准，有两种形式，ISO 11898 标准时 CAN_High 的电压变化是_____V，CAN_Low 电压变化是_____V，电位差是 0 V 或 2 V；ISO 11519-2 标准时 CAN_High 的电压变化是_____V，CAN_Low 电压变化是_____V，电位差是 -1.5 V 或 3 V。

5. CAN 数据帧有两种：_____、扩展帧。它们都由帧起始、_____、控制段、数据段、_____、_____和帧结束组成。

6. 比亚迪 E5 ESC 网是指_____网络，数据传输速度_____，由 4 个模块组成：_____，REPS——Rack EPS 齿条式电动助力转向模块，_____和诊断口及转角传感器组成。

7. 比亚迪 E5 动力网数据传输速度为_____，负责网关 ECU、_____、组合仪表、诊断口 DLC、_____、车载终端、电池包水加热器、_____、动力配电箱（包括 DC/DC、车载充电机、泄放模块、绝缘检测模块等）、VTOG 等之间的信息传递。

8. 比亚迪 E5 舒适网传输速度为_____，由组合开关、诊断口（DLC）、_____、CD、_____、网关、车载终端、车窗玻璃升降开关、SRS 和_____等组成。

二、计划制订

请根据任务要求，确定所需要的检测仪器、工具，并对小组成员进行合理分工，制订详细的工作计划。

1. 需要的资料及用具:

2. 小组成员分工:

3. 工作计划:

三、任务实施

（一）CAN 总线故障波形认知

根据下列 CAN 波形，判断故障原因，图中黄色波形为 CAN-H，绿色波形为 CAN-L。

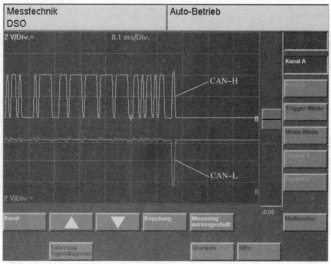

图 1

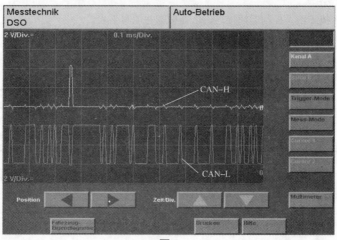

图 2

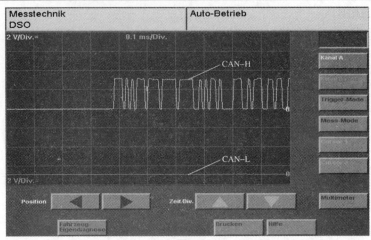

图 3

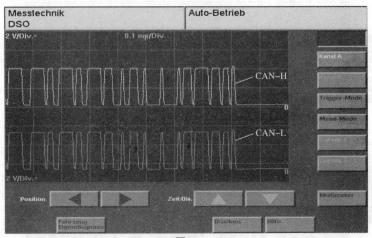

图 4

（二）测量 CAN 终端电阻及总线电压

1. 认知网关控制器引脚。

断开蓄电池负极，拔下网关控制器插接件，认知引脚并填写下表。

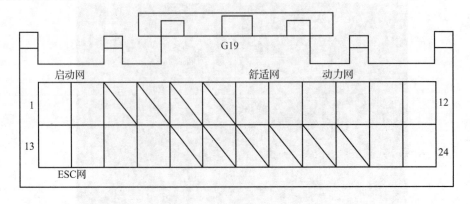

任务工单 3.1　通信系统故障诊断与检修

定义	引脚号/端子号	定义	引脚号/端子号
启动网 CAN-H		动力网 CAN-H	
启动网 CAN-L		动力网 CAN-L	
舒适网 CAN-H		ESC 网 CAN-H	
舒适网 CAN-L		ESC 网 CAN-L	

2. 测量 CAN 网络的终端电阻。

（1）测量插头端/网关控制器端 CAN 总线电阻，并填写下表。

测量位置	定义	标准值	测量值
插头端	启动网总线电阻		
	舒适网总线电阻		
	动力网总线电阻		
	ESC 网总线电阻		
网关控制器端	启动网总线电阻		
	舒适网总线电阻		
	动力网总线电阻		
	ESC 网总线电阻		

（2）插上网关控制器插接件，用扎针和万用表测量 CAN 总线电阻，填写下表。

定义	标准值	测量值
启动网总线电阻		
舒适网总线电阻		
动力网总线电阻		
ESC 网总线电阻		

3. 测量 CAN 总线电压。

拔下网关控制器插接件，连接蓄电池负极。

（1）测量插头端 CAN 总线电压，填写下表。

定义	测量点	测量值
启动网 CAN-H 电压		
启动网 CAN-L 电压		
舒适网 CAN-H 电压		
舒适网 CAN-L 电压		
动力网 CAN-H 电压		
动力网 CAN-L 电压		
ESC 网 CAN-H 电压		
ESC 网 CAN-L 电压		

学习情境 3 整车控制系统检测与维修

4. 查看 CAN 总线波形。

连接网关控制器插接件，连接蓄电池负极。

通过扎针和示波器测量网关控制器位置动力网 CAN 波形，也可以测量 DLC 位置（不需要扎针）。读取一个完整的 CAN 帧并记录：

四、状态检查

完成后，进行如下检查：

1. 检查车辆、工具、设备是否复位：_____。
2. 检查场地是否清洁：_____。
3. 检查蓝牙的手机设备名称是否为本组同学手机：_____。

五、学习评价

1. 请根据自己任务完成的情况，对自己的工作进行自我评估，并提出改进意见。

（1）_____

（2）_____

（3）_____

2. 工单成绩（总分为自我评价、组长评价和教师评价得分值的平均值）。

自我评价	组长评价	教师评价	总分

任务工单 3.2　输入电路故障诊断与检修

任务名称	任务 3.2　输入电路故障诊断与检修		实训教室			
学生姓名			学生学号		任务成绩	
班　级			日　期			
任务描述	一辆比亚迪 E5 电动汽车上电后，踩刹车换挡，仪表盘没有变化；另一辆 E5 在使用比亚迪 40 kW 壁挂式充电盒充电时，充电盒显示充电电流只有 31 A，车辆组合仪表显示充电功率为 6 kW					
任务目的	能正确阅读电路图，使用解码器读取故障码及数据流，能对整车控制系统输入信号及电路故障进行诊断和故障排除，诊断和维修过程严格执行 5S 现场管理制度；在工作中养成团队意识和合作精神					

一、知识强化

1. 整车控制系统直接输入信号通常有开关信号、模拟信号和频率信号。开关信号有钥匙信号、_____、_____、制动信号等；模拟信号有_____、制动踏板信号、_____、动力电池输出电压信号、频率信号有车速传感器信号等。

2. 北汽 EV160 纯电动汽车有整车控制器，输入信号主要有_____、制动踏板开关信号、_____、蓄电池故障信号、快充 / 慢充连接确认信号、安全气囊碰撞信号、_____、制动能量回收增加 / 减少信号等。

3. 间接信号通常是其他 ECU 通过 CAN 总线传递过来的信号，与整车控制器进行信号交互的 ECU 主要包括_____、_____、_____、制动系统 ECU 等。

4. 常见的加速踏板位置传感器类型主要有电位计式和_____。为了便于整车控制器监测信号并保证信号的准确性，避免当一个传感器信号_____时车辆行驶出现故障，普遍采用冗余设计，即采用_____个传感器。

5. 比亚迪 E5 的加速踏板信号直接给高压电控总成内部的_____。制动开关信号和制动踏板信号都给到_____，制动开关信号还要给_____，用于控制真空泵。

6. 比亚迪 E5 的交流充电连接信号（CC）、_____、充电枪温度信号给高压电控总成内部的 VTOG，VTOG 将充电连接信号给_____和_____；VTOG 和 BMS 共同控制_____，BCM 用于_____。直流充电感应信号（CC2）、充电枪温度信号直接给 BMS，其他充电信息通过 CAN 充电网给_____。

7. 电动汽车上的温度信号主要包括动力电池温度信号（单体、模组）、_____温度信号、_____温度信号、_____温度信号、动力电池冷却液温度信号、_____等。

8. 比亚迪 E5 真空泵压力信号直接给_____，驱动系统冷却液温度信号给_____，动力电池冷却液温度信号给_____。

二、计划制订

请根据任务要求,确定所需要的检测仪器、工具,并对小组成员进行合理分工,制订详细的工作计划。

1. 需要的资料及用具:

2. 小组成员分工:

3. 工作计划:

三、任务实施

(一)充电功率小故障诊断与修复

1. 故障现象。

一辆 E5 车主反映在使用比亚迪 40 kW 壁挂式充电盒充电时,充电盒显示充电电流只有 31 A,车辆组合仪表显示充电功率为 6 kW。

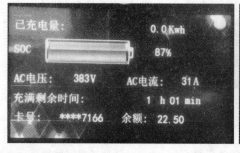

2. 进行故障原因分析。

3. 故障诊断与排除。

(1)检查 40 kW 壁挂式充电盒是否正常,请制订检查方法并记录过程:

任务工单 3.2　输入电路故障诊断与检修

（2）用解码仪读取 BMS 数据流，并填写下表。

名称	参考值	读数
SOC		
电池组当前总电压		
电池组当前总电流		
最大允许充电功率		

根据数据流，进行判断，写出判断内容：

（3）用解码仪读取 VTOG 数据流，并填写下表。

名称	参考值	读数
IGBT 最高温度		
电感最高温度		
充电口温度		

根据数据流，进行判断，写出判断内容：

（4）更换交流充电线总成，记录更换步骤：

（二）无法换挡故障诊断与修复
1. 故障现象。
一辆 E5 车上电后，仪表盘显示"请检查挡位系统"。
2. 进行故障原因分析：

3. 故障诊断与排除。
（1）故障现象确认。
踩下制动踏板后，进行换挡操作，然后松开制动踏板，轻轻踩下加速踏板，电机无加速动作，则说明挡位传感器未发送换挡信息到 CAN 网。
（2）用解码仪读取故障码
连接解码仪对整车模块扫描，发现无法扫描到换挡机构模块。
进入动力模块未找到"挡位控制器"。

（3）检查挡位传感器，请自行制订检查方案并按照执行，记录过程：

四、状态检查

完成后，进行如下检查：
1. 检查车辆、工具、设备是否复位：_____。
2. 检查场地是否清洁：_____。
3. 检查能否正常上电：_____。
4. 检查能否还有故障显示：_____。

五、学习评价

1. 请根据自己任务完成的情况，对自己的工作进行自我评估，并提出改进意见。
（1）_____
_____
（2）_____
_____
（3）_____

2. 工单成绩（总分为自我评价、组长评价和教师评价得分值的平均值）。

自我评价	组长评价	教师评价	总分

任务工单 3.3　输出信号故障诊断与检修

任务名称	任务 3.3　输出信号故障诊断与检修	实训教室		
学生姓名		学生学号		任务成绩
班　级		日　期		
任务描述	一辆比亚迪 E5 车上电时，不能正常上电：OK 灯不能点亮，仪表显示"请检查动力系统"			
任务目的	能正确阅读电路图，使用解码器读取故障码及数据流，能对整车控制系统输出信号电路及执行器故障进行诊断和故障排除，诊断和维修过程严格执行 5S 现场管理制度；在工作中养成团队意识和合作精神			

一、知识强化

1. 整车控制系统输出信号主要包括两部分：直接指令信号——直接控制_____和通过_____输出的指令信号（通过 CAN 等交互信号，发出指令给其他 ECU）。直接指令信号包括各高压_____信号、真空泵工作信号、驱动冷却系统水泵开关信号、_____信号、部分指示灯控制等。

2. 不同企业电动汽车的高压系统布置有所不同，比亚迪 E5 高压系统的接触器分别位于动力电池内和_____内。动力电池内部有_____接触器；_____内部有主接触器和直流快充正、负极接触器，全都由_____控制。

3. 比亚迪 E5 的 BMS 控制上下电过程，当接收到上电信号或充电信号后，各个接触器的闭合顺序是：动力电池正极接触器、_____、动力电池负极接触器、_____；当接收到下电信号后，各个接触器断开顺序是：_____、_____、动力电池正极接触器。

4. 纯电动汽车的主要发热部件有驱动电机、_____、车载充电机、_____、_____等。比亚迪 E5 水冷的部件有驱动电机、_____和动力电池，分为两路冷却系统：_____系统和电池冷却系统。

二、计划制订

请根据任务要求，确定所需要的检测仪器、工具，并对小组成员进行合理分工，制订详细的工作计划。

1. 需要的资料及用具：

学习情境 3　整车控制系统检测与维修

2. 小组成员分工：

3. 工作计划：

三、任务实施

案例分析：

（1）故障现象：

一辆比亚迪 E5 车上电时 OK 灯不能点亮，车辆无法行驶，仪表显示"请检查动力系统"。

（2）进行故障原因分析：

（3）故障诊断与排除：

四、状态检查

完成后，进行如下检查：

1. 检查车辆、工具、设备是否复位：_____。
2. 检查场地是否清洁：_____。
3. 检查能否正常上电：_____。
4. 检查是否还有故障显示：_____。

五、学习评价

1. 请根据自己任务完成的情况,对自己的工作进行自我评估,并提出改进意见。

(1)_____

_____

(2)_____

_____

(3)_____

_____

2. 工单成绩(总分为自我评价、组长评价和教师评价得分值的平均值)。

自我评价	组长评价	教师评价	总分

新能源汽车
整车控制系统检测维修

任务工单

免费配套资源下载地址
www.bitpress.com.cn

北京理工大学出版社
BEIJING INSTITUTE OF TECHNOLOGY PRESS

通信地址：北京市海淀区中关村南大街5号
邮政编码：100081
电　　话：(010)68948351　82562903
网　　址：http://www.bitpress.com.cn

北京理工大学出版社
智芸样书系统

ISBN 978-7-5682-9076-0

定价：38.00元